ENGLISH

NEXT

B1/1

Companion

Hueber Verlag

English NEXT
B1/1

Student's Book
Myriam Fischer Callus
Ingrid Gürtler
Gareth Hughes
Judith Mader

Companion
Gareth Hughes

3.   2.   1. | Die letzten Ziffern
2014 13 12 11 10 | bezeichnen Zahl und Jahr des Druckes.
Alle Drucke dieser Auflage können, da unverändert,
nebeneinander benutzt werden.
1. Auflage
© 2010 Hueber Verlag, 85737 Ismaning, Deutschland
Verlagsredaktion: Rolf Brüseke, Karen Emmendorfer, Hueber Verlag, Ismaning
Herstellung: Büro Sieveking, München
Umschlagfoto: © Digital Vision
Zeichnungen: Bettina Kumpe, Braunschweig
Druck und Bindung: Ludwig Auer GmbH, Donauwörth
Printed in Germany
ISBN: 978-3-19-042934-9

List of contents *Inhaltsübersicht*

Welcome to your Companion
Das bietet Ihr Companion

Dieses Buch wird Sie auf Ihrem Lernweg mit dem Englischkurs **NEXT B1/1** begleiten. Es bietet Ihnen praktische Hilfen für das Lernen zu Hause und unterwegs. Nutzen Sie Ihren **Companion** im Zusammenspiel mit dem **Student's Book** und den **Audio-CDs** sowie den Materialien und Übungen für Lerner auf der **NEXT-Website** unter www.hueber.de/next.

Your vocabulary
Ihr Lernwortschatz

Der **Unit-Lernwortschatz** (Vocabulary unit by unit) bietet Ihnen die wichtigsten englischen Ausdrücke und Wörter in der Reihenfolge, wie sie in den Units 1–10 eingeführt und geübt werden. Hier einige Besonderheiten dieses Lernwortschatzes:

- Die neuen Wörter werden so weit wie möglich im Kontext dargestellt (d. h. in Satzausschnitten, Redewendungen, Ausdrücken usw.).
- In der rechten Spalte finden Sie die deutsche Entsprechung im jeweiligen Zusammenhang.
- Der Wortschatz ist in kleine „Lernportionen" aufgeteilt. Diese Portionen sind unter anderem durch blaue Linien voneinander getrennt. Bearbeiten Sie täglich 1 bis 2 Lernportionen – nicht 10 Portionen am Tag des Englischkurses!
- Das Symbol ▲ verweist auf weitere Infos im Kästchen.
- Die zahlreichen **Lerntipps** sind praktisch, informativ und unterhaltsam.

Vergessene Wörter und die Lautschrift schlagen Sie im alphabetischen Wortschatz *Vocabulary English – German* im **Student's Book** nach. Von dort finden Sie schnell den sprachlichen Zusammenhang in der jeweiligen Unit. Sollten Sie ein Wort nicht finden, benutzen Sie bitte ein ein- oder zweisprachiges Wörterbuch. Nützliche Hinweise zum Umgang mit Wörterbüchern finden Sie in Unit 4E sowie hier im Companion im Abschnitt *Your link to the Portfolio*, Seite 148.

Grammar
Grammatik

- Hier erhalten Sie eine systematische Zusammenfassung der vielen kleinen Informationen aus dem **Student's Book** in einer klar gegliederten Grammatik-Übersicht, dazu aussagekräftige englische Beispiele sowie nützliche Tipps und einfache Erklärungen auf Deutsch. Hier können Sie

„sehen", wie englische Texte, Sätze und Satzteile „funktionieren" und wo die Unterschiede zum Deutschen liegen. Und wenn Sie etwas vergessen haben: Hier finden Sie es wieder.

Phrasebank
Wortschatz in Themengruppen

Dieser Wortschatz bündelt systematisch Ausdrücke zu u. a. folgenden Themen: Diskussion, Berufssprache, E-Mails, Körper und Gesundheit... Außerdem stellt er große Wortgruppen wie Zahlen, Mengen und Größen zusammen.

Your link to the Portfolio
Ihr Link zum Sprachenportfolio

Dieses letzte Kapitel ermöglicht Ihnen die praktische Nutzung eines europaweit verbreiteten und anerkannten Systems zur Planung, Kontrolle, Verbesserung und Dokumentation Ihres eigenen Lernwegs – in diesem Fall für das Englische, Ihre neue Sprache. Nach einer Beschreibung des Europäischen Sprachenportfolios folgen detaillierte Informationen zu den Units 2, 4 und 10. Nutzen Sie die dabei gewonnene Klarheit über ihren bisherigen Lernweg und Ihren Lernstil für die weitere Arbeit mit **NEXT B1/1**.

Am Ende dieses Bandes finden Sie **Tabellen** zur **Aussprache** und zu den **unregelmäßigen Verben** sowie ein **alphabetisches Verzeichnis** aller verwendeten Begriffe und Schlüsselwörter wie „a" oder „the". Mithilfe der Seitenangaben im Verzeichnis finden Sie sofort zum entsprechenden Thema.

Viel Spaß und Erfolg mit Ihrem **Companion** wünschen Ihnen

Autoren und Verlag

Abbreviations
Abkürzungen

Erklärung der verwendeten Zeichen und Abkürzungen

/	oder
▲	Weitere Infos zu dem Begriff im Kästchen
↔	Vergleichen Sie bitte.
=	Beide Wörter/Ausdrücke/Sätze haben die gleiche Bedeutung.
≠	Die Wörter/Ausdrücke/Sätze haben unterschiedliche Bedeutungen.
A2	Abschnitt A, Schritt 2
hier:	Das Wort/der Ausdruck hat hier die folgende Bedeutung. (In einem anderen Zusammenhang kann die Bedeutung anders sein.)
UK	britisches Englisch
US	amerikanisches English
→ S. 51	Verweis auf S. 51

Vocabulary unit by unit
Unit-Lernwortschatz

Unit 1: Language and learning

language and learning	Sprache und Lernen
what are you good at?	worin sind Sie / bist du gut?
do you talk to yourself in English sometimes?	sprechen Sie manchmal auf Englisch mit sich selbst?
do you think there should be only one official language in Europe?	finden Sie / findest du, dass es nur eine offizielle Sprache in Europa geben sollte?

A What are you good at? Languages? Sports?

A1

summer peace camp	Sommercamp, mit dem Thema *Frieden*
I guess my English is pretty good	ich glaube, mein Englisch ist ziemlich gut
guess	glauben

> **Lerntipp**
>
> Beachten Sie, dass Wörter mehr als eine Bedeutung haben können. Um die richtige Bedeutung herauszufinden, benötigen Sie den Kontext. Vergleichen Sie:
> Guess who's coming to dinner?
>   Rat mal, wer zum Abendessen kommt?
> I guess you should go to the doctor about that.
>   Ich denke, Sie sollten damit zum Arzt gehen.
>
> Merken Sie sich auch weitere Bedeutungsvarianten von Wörtern, die Sie bereits kennen. Ein Beispiel ist *pretty*, das weiter unten in diesem Abschnitt auftaucht.

oh, absolutely	oh ja, absolut
tap dancing	Steppen
pretty good cook	ziemlich guter Koch / ziemlich gute Köchin
pretty	ziemlich (→ 5.3)
draw a picture	malen Sie / male ein Bild
draw	malen, zeichnen

Post-it	selbstklebender Notizzettel
class skills	etwa: Talente in der Klasse
skill	Fähigkeiten, Können

A2

words or phrases	Wörter oder Wendungen

phrase	Satz, Wendung, Ausdruck
dialect	Dialekt
mother tongue	Muttersprache

B The languages of Europe

B1

Council of Europe ▲	Europarat

▲ Der Europarat wurde 1949 gegründet, um die Demokratie und die Menschenrechte im Europa der Nachkriegszeit zu fördern. Er hat 47 Mitgliedstaaten und seinen Sitz in Straßburg. Bitte verwechseln Sie ihn nicht mit der Europäischen Union.

approximately ▲	ungefähr	▲ Die Abkürzung von **approximately** ist **approx.**
English as a first language	Englisch als Muttersprache	

B2

theme	Thema
one official language	eine Amtssprache
official	offiziell, amtlich, dienstlich
arguments	Argumente
interpreting	Dolmetschen
negotiating	Verhandeln

Lerntipp

Nutzen Sie beim Lernen von Wortschatz die sogenannten Wort-familien (Wörter, die sich um denselben Wortstamm gruppieren). Merken Sie sich, wenn möglich, gleich die ganze Wortfamilie, zum Beispiel:

interpreting	Dolmetschen
interpret	dolmetschen
interpreter	Dolmetscher/in

Beachten Sie die Wortbetonung: in**ter**pret.

Und nun stellen Sie bitte die Wortfamilie für *negotiate* zusammen.

C The rocky road to learning a language

the rocky road to learning a language	der steinige Weg, eine Sprache zu lernen

C1

I'm afraid to speak	ich habe Angst zu sprechen	
afraid ▲	verängstigt	
I'm afraid of making mistakes	ich habe Angst, Fehler zu machen	
be afraid of	Angst haben vor	▲ Vergleichen Sie: I'm afraid **of** dogs. I'm afraid **to go out.** oder I'm afraid **of going out.**
making mistakes	Fehler machen	

9

C2

you ought to practise everyday	Sie sollten / du solltest jeden Tag üben
ought to	sollten
basic grammar	Grundgrammatik
confident	selbstbewusst
at once	sofort
learning a language well takes time	eine Sprache gut zu lernen, kostet Zeit
take time	Zeit kosten, dauern

Lerntipp

Ähnlich wie im Deutschen verbinden wir auch im Englischen in gewisser Weise Zeit mit Geld: *to waste time/money* (= Zeit/Geld vergeuden oder verschwenden). Allerdings unterscheiden sich im Englischen zum Teil die Verben ein wenig. Deshalb sollte man sich rund um das Wort **time** eine Gruppe von Ausdrücken merken:

to spend time	Zeit verbringen
to take time	Zeit kosten
to waste time	Zeit vergeuden

D Practising language outside the classroom

practising language outside the classroom	eine Sprache außerhalb des Klassenzimmers üben

D1

I talk to myself in Russian when I'm working out at the gym	beim Fitnesstraining spreche ich Russisch mit mir selbst
talk to myself	mit mir selbst sprechen
work out ▲	trainieren
count	zählen
talk out loud	laut sprechen

▲ Vergleichen Sie:		
to work out	↔	trainieren
to work something out	↔	etwas ausarbeiten / lösen

D2

fridge	Kühlschrank
practise English by talking to yourself anytime, anywhere	Englisch üben, indem man jederzeit und überall mit sich selbst spricht

anytime   jederzeit
anywhere ▲   überall

> ▲ Vergleichen Sie:
> I can't go anywhere. ↔ Ich kann nirgendwo hingehen.
> I can go somewhere. ↔ Ich kann irgendwo hingehen.
> I can go anywhere. ↔ Ich kann überall hingehen.
> Die Bedeutungen von *anywhere* (im ersten Beispiel) und *somewhere* werden
> hier im Abschnitt *Grammar* (siehe 3.12) behandelt. Die Bedeutungen von
> *anywhere* (überall) oder *anytime* (jederzeit) werden wir detaillierter in NEXT
> B1/2 betrachten.

E How smart are you?

E1
smart   intelligent

E2
unique   einzigartig
instrument   Instrument
tap   klopfen
melodies   Melodien

H Homestudy

H1
fixing my car   mein Auto reparieren

H2
find enough time   genug Zeit finden
  (to do something)   (etwas zu tun)

H4
get rid of   loswerden
cupboard   Schrank
cut the grass   Rasen mähen

H5
otherwise   sonst, ansonsten
unsociable   ungesellig

Unit 2: Right, let's write

what are the latest online trends?	was sind die neuesten Online-Trends?
how do you find a partner?	wie findet man einen Partner / eine Partnerin?
what's your favourite soap	was ist Ihre / deine Lieblingssoap?

A What's new?

what's new?	was ist neu?

A1

is the trend real or not?	ist der Trend echt oder nicht?
trend	Trend, Tendenz, Entwicklung
real	echt, wirklich

the number of people online has increased ten times	die Anzahl der Leute mit Internetzugang hat sich verzehnfacht
number ▲	Anzahl
increase	steigen, anwachsen
ten times	zehnfach, zehnmal
Internet users	Internetnutzer
user	Nutzer
the Internet revolution	die Internet-Revolution
revolution	Revolution
when the first poll was conducted	als die erste Umfrage durchgeführt wurde
poll	Umfrage
conduct	durchführen
eighteen million adults accessed the Internet	18 Millionen Erwachsene hatten Internetzugang
access	Zugang
the amount of time spent online is also increasing	man verbringt auch mehr Zeit online
amount	Menge

▲ Vergleichen Sie:
The **number** of people ... ↔
Die Anzahl der Leute ...
The **amount** of ... ↔
Die Menge ...
Seven is my lucky **number**. ↔
Sieben ist meine Glückszahl.
Call this **number**. ↔
Rufen Sie unter dieser Nummer an.

social networking sites	Portale für Social Networking, zum Beispiel *Facebook*, *MySpace*
networking	Networking, Vernetzung

there has been a big shift recently	es hat kürzlich eine große Verschiebung gegeben
shift	Verschiebung, Verlagerung, Umschwung
recently	kürzlich
twice as many people	doppelt so viele Leute
far away	weit weg

people are forming online clubs	Leute bilden Online-Klubs
form	bilden
soap opera	Seifenoper, Soap
you can share your opinions	man kann Meinungen austauschen
share	teilen
opinion	Meinung

more and more people	immer mehr Menschen
it's estimated that	es wird geschätzt, dass ...; schätzungsweise
the number is falling	die Zahl sinkt
fall	sinken

Lerntipp

Bestimmte Dinge in unserem Leben legen zu oder nehmen ab, wachsen oder schrumpfen. Das auszudrücken, ist nicht immer ganz einfach, deshalb hier eine kleine Hilfestellung:

up	down	
go up	go down	The number of people who ... is going up/down.
increase	decrease	
rise	fall	

Hier geht es um einen anhaltenden Trend:
The number of phones in the world **is increasing**.

Und so drücken Sie aus, dass sich bereits etwas verändert hat:
The number of phones **has increased**. (= It is now higher than before.)

Hat sich nichts verändert, dann hört sich das so an:
The number of people with phones **has stayed the same**.
There has been no change in the number of people with phones.

Wie sehr hat sich etwas verändert? Auch dazu noch zwei nützliche Ausdrücke:
The number is now **twice as big as** a year ago.
The number is now **ten times higher than** five years ago.

it seems	es scheint

A2

leisure (time)   Freizeit

B Surfing for a partner

surfing for a partner   (im Internet) surfen, um einen Partner/
eine Partnerin zu finden

B1

profile   Profil
this very sexy bloke ▲   dieser sexy Typ

> ▲ Das Wort **bloke** ist ein umgangssprachlicher Begriff und bedeutet so viel
> wie *Mann, Typ, Kerl*. Es wird vor allem von Briten und Australiern benutzt.
> Vergleichen Sie mit **guy**, ursprünglich ein amerikanischer Ausdruck, der
> heute aber international (und manchmal sogar für Frauen) benutzt wird.

cos   umgangsprachlich für *because*: weil
our first date ▲   unser erstes Rendezvous/Treffen

> ▲ Ein weiteres Wort mit zwei Bedeutungen:
> date   ↔   Datum
> date   ↔   Rendezvous
> Merken Sie sich auch: to go (out) **on a date with** somebody.

attraction   Attraktion
sense of humour   Sinn für Humor
factors   Faktoren
successful relationships   erfolgreiche Beziehungen
successful at bringing   erfolgreich darin, Menschen
  people together   zusammenzubringen
successful at   erfolgreich

Lerntipp

Die beiden folgenden Ausdrücke sollte man sich auf jeden Fall als
Ganzes merken (vergleiche Lerntipp in Unit 1):
a sense **of** humour   ↔   Sinn für Humor
be successful **at** sport/   ↔   erfolgreich im Sport/im Fußball
  at play**ing** football

B2

dating websites	Portale für Partnersuche und Bekanntschaften
write a personal profile	ein persönliches Profil schreiben
I know how to balance well	ich weiß, wie ich das gut ausgleichen kann
balance	ausgleichen, Ausgewogenheit bewahren
he knows how to treat a lady	er weiß, wie man eine Dame behandelt
treat	behandeln
behave	verhalten
what are your greatest pet hates?	was verabscheust du am meisten?
greatest	(der, die, das) tollste/größte ...
pet hates	Gräuel, Dinge, die man auf den Tod nicht ausstehen kann

Lerntipp

In Übung B2a geht es um Wörter, die verschiedene Bedeutungen annehmen können. Nehmen Sie immer den Kontext zur Hilfe, dann können Sie sich die verschiedenen Bedeutungen besser merken.

what gets on your nerves?	was geht Ihnen/dir auf die Nerven?
context	Kontext, Zusammenhang
I love the outdoors	ich bin sehr gerne draußen
a fun-loving, affectionate young lady	eine lebenslustige, liebevolle junge Dame
fun-loving	lebensfroh, lebenslustig
affectionate	liebevoll
who knows what it takes to make a relationship work	die weiß, was es braucht, damit eine Beziehung funktioniert
work ▲	funktionieren

▲ Ein und das gleiche Wort im Englischen, zwei Wörter im Deutschen:
work ↔ arbeiten
work ↔ funktionieren
Merken Sie sich: How does it work?

make and break promises	etwas versprechen und ein Versprechen brechen

15

honest	ehrlich
mature	reif
financially secure	finanziell abgesichert
a long-term relationship	eine dauerhafte Beziehung
long-term	langfristig, dauerhaft
relationship	Beziehung
mean what you say and	überzeugt sein von dem, was man sagt,
say what you mean ▲	und (offen) sagen, was man denkt

▲ Falsche Freunde!
Das Verb **mean** entspricht in seiner Bedeutung nicht immer dem
deutschen Verb *meinen*. Vergleichen Sie:
What does this word mean? ↔ Was bedeutet dieses Wort?
What do you mean? ↔ Was möchtest du damit sagen?
What do you think? ↔ Was meinst du?

those few unique	diese wenigen einzigartigen
individuals	Persönlichkeiten
unique	einzigartig
individual	Persönlichkeit
restless	unruhig
analytical	analytisch
dirty joke	schmutziger Witz
joke	Witz
independent but not	unabhängig, aber keine
a feminist	Feministin
feminist	Feministin
sarcasm is a spice of life	Sarkasmus ist die Würze des Lebens
sarcasm	Sarkasmus
spice of life	Würze des Lebens
so bring it on	versuch's doch mal
flavour	Geschmack, Aroma
what makes you weak	wovon bekommen
at the knees?	Sie / bekommst du
	weiche Knie?

▲ Jedes Land hat sein ei-
genes Notensystem. In
der angelsächsischen
Welt gibt es die Noten
von eins bis zehn; zehn
ist die Bestnote.
Merken Sie sich den
Ausdruck: five **out of**
ten.

what do you make	was sagst du zum
of the first one?	ersten (Profil)?
grade them out of ten	von 1 bis 10 einstufen
grade	benoten, einstufen
five out of ten ▲	(fünf) von zehn

that's cute!	das ist süß!
makes more sense	ergibt mehr Sinn

C What's your favourite soap?

what's your favourite soap?	was ist Ihre / deine Lieblingssoap?
soap	Seifenoper, Soap

C1

square	Platz, zum Beispiel in einer Stadt
four half-hourly episodes a week	vier halbstündige Folgen pro Woche
half-hourly	halbstündig
episode	Episode, Folge
extremely popular	extrem beliebt
extremely	extrem
cliffhanger	Merkmal von Fernsehserien oder Fortsetzungsromanen: am Ende einer Folge bleibt eine wichtige Frage offen, damit man die nächste Folge unbedingt sehen will

C2

escape from reality	vor der Realität flüchten
escape	fliehen, flüchten
mirror on everyday life	Spiegel des alltäglichen Lebens
mirror	Spiegel

D Write your own soap opera

write your own soap opera	schreiben Sie Ihre / schreibe deine eigene Soap

Lerntipp

Der Schwerpunkt des Abschnitts *Exploring learning* liegt in dieser Unit auf der Fertigkeit Schreiben. Der Tipp 4 erläutert, wie Schreiben Ihnen beim Lernen helfen kann (mehr dazu im Abschnitt *Your Link to the Portfolio*, S. 148). An dieser Stelle sei nochmals betont, dass gerade Schreiben dabei hilft, neue Wörter zu lernen. Wenn Sie neuen Wortschatz ganz bewusst in kleinen Texten benutzen, dann werden Sie ihn auf diese Weise bestens in Ihrem Gedächtnis abspeichern.

D1

take part in this interactive experiment	nimm teil an diesem interaktiven Experiment
interactive	interaktiv
experiment	Experiment
we're developing a new soap	wir entwickeln eine neue Soap
develop	entwickeln
characters	Charaktere (in einem Film)
a secret love affair	eine heimliche (Liebes)Affäre
secret	geheim, heimlich
love affair	(Liebes)Affäre
the ex-husband brought up the little girl	der Ex-Ehemann zog das kleine Mädchen auf
bring up	aufziehen
update	Aktualisierung; Bericht
patient	Patient/in
be asleep	schlafen
avoid	vermeiden
gets really furious	wird wirklich wütend
furious	wütend, zornig
curtain	Vorhang

D2

invent	erfinden
might	könnte
operate	operieren
save her life	ihr Leben retten
save	retten
look after	sich kümmern um
sick	krank
will Jenny ever forgive her mother?	wird Jenny ihrer Mutter jemals vergeben?
forgive ▲	vergeben, verzeihen
keep it very simple	halten Sie / halte es sehr einfach

▲ **forgive** ist ein unregelmäßiges Verb, wie auch *vergeben* im Deutschen. Es folgt dem gleichen Muster wie **give**: for**give**, for**gave**, for**given**.

D3

stick all the stories on the wall	kleben Sie / klebe alle Geschichten an die Wand

18

E To surf or not to surf?

to surf or not to surf?   surfen oder nicht surfen?

E1

percentage	Prozentzahl
connection	Verbindung
fixed-line phones	Festnetz-Telefone

E2

Internet "have-nots"	Menschen, die keinen eigenen Internetzugang haben
engaging with technology	sich mit Technologie auseinander-setzen / beschäftigen
refuseniks	hier: Menschen, die sich weigern, das Internet zu nutzen
to be hooked on (something)	von etwas abhängig sein
impersonal	unpersönlich
hit the wrong key ▲	die falsche Taste treffen

▲ Beachten Sie:
key	Taste
keyboard	Tastatur

I'm bad with fingers	ich bin ungeschickt, ich bin nicht sehr fingerfertig
junk	Müll, Schund
citizen	Bürger/in, Einwohner/in

H Homestudy

H3

easygoing	gelassen
straightforward	aufrichtig, offen
calm	ruhig, gelassen
adventurous	abenteuerlustig
innovative	innovativ
complicated	kompliziert

Unit 3: Changing places

changing places	den Ort wechseln
why do people travel?	warum (ver)reisen Menschen?
how do I get to City Hall from here?	wie komme ich von hier zum Rathaus?
does this sound impolite or polite to you?	klingt das für Sie / dich unhöflich oder höflich?
impolite	unhöflich
polite	höflich

A Why travel?

why travel?	warum reisen?

A1

get away from my daily routine	meinem Alltagstrott entkommen
get away	wegkommen, entkommen
take time off (from work)	freinehmen

A2

research	Forschung
and one day I may have my own little hotel ▲	und eines Tages habe ich vielleicht mein eigenes kleines Hotel

---

▲ Vergleichen Sie:

I can come tomorrow.	↔	I may come tomorrow.
Ich kann morgen kommen.	↔	Ich komme morgen vielleicht.
(= ich habe Zeit, ich habe frei)		(= es ist noch nicht sicher)

I'm going to work on an aid project	ich werde bei einem Hilfsprojekt mitarbeiten
aid project	Hilfsprojekt
I'm going to give it a try	ich werde es versuchen
a try	ein Versuch
we hike for two weeks	wir wandern zwei Wochen lang
from the North Sea to the Baltic	von der Nord- zur Ostsee

Baltic (Sea) ▲	Ostsee	
flight attendant	Flugbegleiter/in	
long-distance flights	Langstrecken- flüge	
it's hard work	es ist harte Arbeit	
hard	hart	
supervisor	Leiter/in	

▲ Merken Sie sich:

lake	der See
Lake Constance	der Bodensee
Lake Geneva	der Genfer See
sea	die See, das Meer
the North Sea	die Nordsee
the Mediterranean (Sea)	das Mittelmeer

B Making plans

making plans   Pläne machen

B1

look up travel   Reiseinformationen suchen
   information
look up   nachsehen, suchen

Lerntipp

Im Englischen gibt es zahlreiche Verben mit Präpositionen wie **look up**.
Sie werden sehr häufig benutzt, und deshalb sollten Sie sie lernen,
möglichst auch mithilfe von Eselsbrücken. Fallen Ihnen Eselsbrücken
zu den folgenden Beispielen ein?
I went to the computer to **look up** the train times.
My neighbour asked me to **look after** her dogs while she was on holiday.
I lost my keys. I **looked for** them everywhere in the house but I
couldn't find them.

vaccination   Impfung

B2

the flight will be delayed	der Flug wird sich verspäten
delay	verspäten
owing to bad weather	infolge des schlechten Wetters
owing to	infolge, wegen
twenty hundred hours ▲	20.00; zwanzig Uhr

▲ In den USA wird die Zeit normalerweise im Rahmen des 12-Stunden-Sys-
tems angegeben. AM (oder auch nur A) steht für die Zeit zwischen 0.00
und 11.59 und PM oder P für die Zeit von 12.00 bis 23.59. Britische Zeit-
pläne orientieren sich heute am 24-Stunden-System (jedoch nicht in der
gesprochenen Sprache). Zeitangaben wie **20 hundred hours** werden
beim Militär und manchmal bei offiziellen Ankündigungen oder Durchsagen benutzt.

we apologize for the delay	wir entschuldigen uns für die Verspätung
delay	Verspätung

due to work on the railway line	wegen Gleisbauarbeiten
due to	wegen
all trains departing to Cambridge	alle Züge nach Cambridge
depart	abfahren

motorist	Autofahrer/in
a serious accident	ein schwerer Unfall
on the M25 at Junction 7 southbound	auf der M25 am Autobahnkreuz 7 Richtung Süden
junction	Kreuzung, Autobahnkreuz
southbound	Richtung Süden
people are advised to find alternative routes	es wird geraten, auf alternative Strecken auszuweichen
advise	raten
alternative	alternativ
route	Reiseroute, Route, Strecke

Lerntipp

Sie können nicht jedes neue Wort, dem Sie begegnen, auch lernen. Deshalb sollten Sie sich auf das konzentrieren, was Sie benötigen:

1. Die Wörter im Abschnitt oben (aus Verkehrsmeldungen, Durchsagen am Bahnhof etc.) sollten Sie zumindest kennen und verstehen. Sie müssen sie aber nicht notwendigerweise auch in Gesprächen aktiv verwenden.
2. Lernen Sie vor allem Wörter zu Themen (Essen, Sport, Familie etc.), die Ihnen wichtig sind. Denn darüber möchten Sie vielleicht mit anderen reden und benötigen dafür den entsprechenden Wortschatz.

recession	Rezession
shopkeeper	Ladenbesitzer/in
employees are forming car pools	Angestellte bilden Fahrgemeinschaften
car pool	Fahrgemeinschaft

C Helping somebody find the way

helping somebody find the way	jemandem helfen, den Weg zu finden

C2

carry on till you see a café	gehen / fahren Sie weiter, bis Sie ein Café sehen
carry on	weiterfahren/-gehen
drive on to the traffic lights	fahren Sie weiter bis zur Ampel
drive on	weiterfahren
follow the signs	folgen Sie den Schildern
follow	folgen, befolgen
go straight on	gehen / fahren Sie geradeaus
go on	weitermachen; weitergehen
straight on	geradeaus

Lerntipp

Ist Ihnen aufgefallen, dass das Wort **on** oft andeutet, dass etwas weitergeht? Hier einige Beispiele:

carry **on**	fortsetzen
carry **on** to the end of the street	weiter bis ans Ende der Straße
carry **on** talking	weiterreden
drive **on**	weiterfahren
straight **on**	weiter, in die gleiche Richtung
go **on**	weiter
Go **on**!	Weiter so!

roundabout	Kreisverkehr
take the second exit	nehmen Sie die zweite Ausfahrt
exit ▲	Ausfahrt

> ▲ Beachten Sie:
> **Exit** bezeichnet sowohl Ausfahrt als auch Ausgang!

C3

City Hall ▲	(US) Rathaus, Stadtverwaltung
walk three blocks	gehen Sie drei (Häuser)Blocks weiter
block	Häuserblock, Wohnblock

> ▲ city hall (US) ↔ town hall (UK)

D Complaining

complaining	sich beschweren
complain	sich beschweren

D1

complaint	Beschwerde
this room's a mess	dieses Zimmer ist ein Durcheinander
mess	Durcheinander
this room's not very tidy	dieses Zimmer ist nicht sehr sauber
tidy ▲	sauber, ordent-lich; aufgeräumt; aufräumen

▲ clean	sauber, ohne Schmu
tidy	aufgeräumt

the shower doesn't work	die Dusche funktioniert nicht
work	funktionieren
conference room	Konferenzraum
would you mind switching it off?	würde es Ihnen etwas ausmachen, sie (die Klimaanlage) auszuschalten?
switch off	ausschalten
mind ▲	etwas ausmachen, stören

> ▲ Der Umgang mit dem Verb **mind** ist zunächst ein wenig gewöhnungs-bedürftig. Beachten Sie Folgendes:
> 1. Die Antwort auf eine Frage mit **mind** beginnt in der Regel mit **No**:
>   Would you mind switching it off?   No, that's fine.
>   Ich habe nichts dagegen.
>   Es macht mir nichts aus.
> 2. **mind** verlangt die **-ing**-Form des Verbs: Would you **mind** switch**ing** it off?

veggie burrito	vegetarisches Burrito

D2

friendly, English-speaking staff	freundliches, Englisch sprechendes Personal
staff	Personal
checking in was difficult	Einchecken war schwierig
check in	einchecken
disappointing	enttäuschend
therefore	darum

E Have you ever been bumped?

have you ever been bumped?	wurden Sie jemals wegen Überbuchung auf einen späteren Flug verschoben?

E1

get bumped	aus einem Flug ausgebucht werden (in der Regel wegen Überbuchung)
overbooking	Überbuchen
no-shows	No-show: jemand, der nicht (oder zu spät) erscheint
voucher	Gutschein

E2

cello	Cello
hold	Frachtraum
connection	Verbindung

H Homestudy

H2

go along	mitfahren, mitkommen

H3

unemployment figures rose steeply	die Arbeitslosenzahlen stiegen steil an
advances in technology	technologische Fortschritte
videoconferencing	eine Video-Konferenz durchführen
commonplace	alltäglich
flu scare	Grippehysterie, Angst vor Grippewelle

Consolidation 1

C2

every first Sunday in the month	jeder erste Sonntag im Monat

Unit 4: I'm fed up with my job

I'm fed up with my job	ich habe meinen Job satt
be fed up with	(etwas) satt haben
what's your job like?	wie ist Ihr/dein Job?
what sort of person are you?	was für ein Typ Mensch sind Sie/ bist du?

what would you like to learn?	was würden Sie / würdest du gerne lernen?

A Are you happy in your job?

are you happy in your job?	sind Sie / bist du glücklich in Ihrem / deinem Job?

A1

tiring	ermüdend
stimulating	anregend
well-paid	gut bezahlt
badly paid	schlecht bezahlt

A2

a safe job	ein sicherer Arbeitsplatz
health and safety regulations	Gesundheits- und Sicherheitsvorschriften
safety	Sicherheit
a secure job	ein sicherer Arbeitsplatz
secure	gesichert, sicher
security officer	Sicherheitspersonal
security	Sicherheit

Lerntipp

Die Begriffe *safety* und *security* haben deutliche Unterschiede in der Bedeutung (siehe *Student's Book*), werden aber beide mit dem Wort *Sicherheit* übersetzt. Ein gutes Beispiel dafür, dass nicht jedes Wort einfach von einer Sprache in die andere übersetzt werden kann. Weitere Beispiele sind:

Anzahl / Nummer	number
kochen	cook (= kochen im allgemeinen) / boil (= kochen mit kochendem Wasser)

A3

challenging	anspruchsvoll, reizvoll
monotonous	monoton
rewarding	lohnend
varied	abwechslungsreich, vielfältig

exhausting ▲   anstrengend

▲ In diesem Abschnitt der Unit geht es darum, Jobs zu beschreiben. Möglicherweise sind nicht alle Wörter interessant für Sie. Lernen Sie vor allem diejenigen Wörter, die Sie für Ihre Arbeit und Ihre Situation verwenden können.

A4

I work as a night porter	ich arbeite als Nachtportier
night porter ▲	Nachtportier

▲ Merken Sie sich:
I work **as** a night porter.
I work **in** a hotel.
I work **for** the Ritz Hotel.

B Tina is fed up with her job

Tina is fed up with her job   Tina hat ihren Job satt

B1

workmate ▲   Kollege / Kollegin

▲ Beachten Sie:
workmate   Kollege/Kollegin in der Fabrik, auf der Baustelle usw.
colleague   Kollege/Kollegin im Büro, Vertrieb usw.
Heutzutage hört man *workmate* gelegentlich auch im Büro. Berufstätige, die vorwiegend körperliche Arbeit erledigen, verwenden jedoch den Begriff *colleague* fast gar nicht.

how's things? ▲   wie geht's?

▲ **How's things?** ist die umgangssprachliche Version von **How are things?**

you look a bit down	du siehst ein bisschen fertig aus
down	niedergeschlagen, fertig
I can't stand it anymore	ich halte es nicht mehr aus
stand	aushalten

Lerntipp

Vervollständigen Sie die folgenden Sätze mit Inhalten, die auf Sie persönlich zutreffen:

I really love _____   I don't really like _____

I quite like _____   I'm fed up with _____

I don't mind _____   I hate _____

                                       I can't stand _____

B2

HR department	Personalabteilung

B3

I did an apprenticeship as a florist	ich habe eine Ausbildung zur Floristin gemacht
florist ▲	Florist/in

▲ an apprenticeship as a florist ↔ eine Ausbildung zur Floristin

C How do you describe yourself?

how do you describe yourself?	wie würden Sie sich/würdest du dich beschreiben?

C1

dependable	zuverlässig, verlässlich
outgoing	kontaktfreudig
punctual	pünktlich
sensitive	sensibel

C2

I'm attaching an application form	ich hänge ein Bewerbungsformular an
attach	(an eine E-Mail) anhängen
please let me know	bitte lassen Sie mich wissen

a voicemail message	eine Nachricht auf der Mailbox
voicemail	Mailbox-Nachricht
hi babes	etwa: Hi, Süße
bossy	herrisch
I'm just kidding	ich mache nur Spaß
kid	Spaß machen, (etwas) nicht ernst meinen

D Why do you want to do this course?

why do you want to do this course?	warum wollen Sie/willst du diesen Kurs machen?

D2

a working holiday	ein Arbeitsurlaub
a limited number	eine begrenzte Anzahl
limited	begrenzt
children with learning difficulties	Kinder mit Lernschwierigkeiten
challenge ▲	Herausforderung

▲ Hier wieder eine Wortfamilie:

challenge	I like a challenge.	Ich mag die Herausforderung.
challenge	This new project is going to challenge me.	Das neue Projekt wird mich fordern.
challenging	My job is very challenging.	Meine Arbeit ist eine große Herausforderung.

H Homestudy

H5

chef	(Chef)Koch, (Chef)Köchin

Unit 5: Imagine

imagine	stellen Sie sich vor / stell dir vor
what's the strangest thing that ever happened to you?	was ist das Merkwürdigste, das Ihnen / dir jemals passiert ist?
do you read in bed?	lesen Sie / liest du im Bett?
what kind of films do you like? what kind of music?	welche Art Filme mögen Sie / magst Du? Welche Musik?

A You won't believe this but ...

you won't believe this but ...	das wirst du nicht glauben, aber ...

A1

I can't get free by myself	ich kann mich nicht selbst befreien
get free	befreien

by myself ▲	selbst, alleine

▲ Im Englischen gibt es zwei geläufige Ausdrücke mit der Bedeutung *selbst* oder *alleine*:

by myself	by yourself	by herself	...
on my own	on your own	on her own	...

box	Kiste, Kasten
tool	Werkzeug
my foot's stuck	mein Fuß steckt fest
be stuck	feststecken
I can hardly stand the pain	ich kann die Schmerzen kaum ertragen
hardly	kaum
stand ▲	ertragen, aushalten

▲ Merken Sie sich auch:
I can't stand my job.	Ich kann meinen Job nicht ertragen.

I can't get my shoe off	ich kann meinen Schuh nicht ausziehen
get (my shoes) off	(meine Schuhe) ausziehen

A2
shout for help	nach Hilfe rufen

A3
mumble	murmeln, nuscheln
make up little stories	sich kleine Geschichten ausdenken
make up	sich ausdenken, erfinden
sit in a circle or a horseshoe	setzen Sie sich/setzt euch im Kreis oder in U-Form hin
horseshoe	hier: U-Form
count off A, B, A, B	zählen Sie/zählt ab: A, B, A, B
count off	abzählen
B moves clockwise	B geht im Uhrzeigersinn
clockwise ▲	im Uhrzeigersinn

▲ clockwise ≠ anticlockwise

B The story of my reading
the story of my reading	etwa: meine Lesegewohnheiten, über mein Lesen

B1
occasionally	gelegentlich
seldom ▲	selten

▲ Übersicht über die Adverbien der Häufigkeit (adverbs of frequency), siehe *Grammar*, 5.1.

book and film reviews	Buch- und Filmkritiken
review ▲	Kritik

> ▲ Beachten Sie:
> review ↔ critic
> Kritik ↔ Kritiker/in

B2

ten percent of the men admitted to bluffing about reading a book in order to impress women	10% der Männer gaben zu, beim Thema Lesen zu bluffen, um Frauen zu beeindrucken
admit (to something)	(etwas) zugeben
bluff	bluffen
impress	beeindrucken
Lord of the Rings	Herr der Ringe
thrillers	Thriller
crime novels	Kriminalromane, Krimis
one last interesting titbit	eine letzte interessante Kleinigkeit
titbit	Kleinigkeit

C Let's go to the cinema

let's go to the cinema	lass uns ins Kino gehen

C1

it's ages since I've seen a Laurel and Hardy film	es ist ewig her, dass ich einen „Dick und Doof" Film gesehen habe
ages	eine Ewigkeit, Ewigkeiten

Lerntipp

Der Ausdruck **It's ages since I ...** wird gerne und häufig benutzt.
Beachten Sie die Verwendung von *since*. Wenn es Ihnen gelingt,
diesen Ausdruck entsprechend einzusetzen, dann klingt Ihr Englisch
wirklich gut. Es lohnt sich also, dass Sie ihn sich merken. Sollte er
Ihnen allerdings nicht mehr einfallen oder noch recht schwierig vor-
kommen, dann gibt es auch die folgenden einfacheren Versionen:
I haven't seen a Laurel and Hardy film **for a (very) long time**.
It's a long time since I saw a Laurel and Hardy film.
I saw a Laurel and Hardy film when I was a child. That was the last time.

never mind ▲	macht nichts!
that scene with Cary Grant	diese Szene mit Cary Grant
scene	Szene
that's so scary	das ist so unheimlich
scary	unheimlich, gruselig

> ▲ Never mind. = Don't worry.

31

| Sense and Sensibility | dt. Titel: Sinn und Sinnlichkeit |
| Angels and Demons | dt. Titel: Illuminati |

C2

adventure films with lots of action	Abenteuerfilme mit viel Action
action	Action
suspense	Spannung
fantasy films	Fantasyfilme
animated films	Trickfilme
shipwreck	Schiffswrack

D Music in the air

| music in the air | Musik in der Luft |

D1

| elevator (US) ▲ | Aufzug |

> ▲ elevator (US) ↔ lift (UK)

D2

rhythm	Rhythmus
romance	Romanze
I can understand with ease with ease	ich kann mit Leichtigkeit verstehen
with ease	mit Leichtigkeit
I don't care much for novels	ich interessiere mich nicht sehr für Romane
care for ▲	sich interessieren für

> ▲ Der Satz *I don't care much for pizza.* bedeutet, dass Sie Pizza nicht wirklich mögen, aber auch nicht hassen. Sie gehört einfach nicht zu Ihren Lieblingsspeisen.

D3

your teacher will erase every third word	Ihr Lehrer / Ihre Lehrerin wird jedes dritte Worte ausradieren
erase	ausradieren
every third word	jedes dritte Wort

Lerntipp

Hier in etwa das gleiche Muster wie im Deutschen:

| **every third** person | = | jede dritte Person |
| **every tenth** time | = | jedes zehnte Mal |

Aber beachten Sie:

every second word / **every other** word = jedes zweites Wort

E What's in a name?

what's in a name?	was steckt in einem Namen?

E1

criminal	kriminell
network	Netzwerk
social work	Sozialarbeit
slum	Slum
vision	Vision
perfection	Perfektion
community	Gemeinde
gifted	begabt
disabilities	Behinderungen
juvenile prisons	Jugendstrafanstalten, Jugendgefängnisse
founded	gegründet
walls	Wände
the common language	die gemeinsame Sprache
the Middle Ages	das Mittelalter
Jews, Christians and Muslims	Juden, Christen und Moslems

H Homestudy

H1

pedal	Pedale

H5

groovy	stark, klasse
clap	klatschen
sick	krank
gives me quite a kick	macht mir ziemlich viel Spaß

Unit 6: All in the family

all in the family	es bleibt in der Familie
do you like family get-togethers?	mögen Sie / magst du Familientreffen?
get-together	Treffen, Zusammenkunft
did you have a good weekend?	hatten Sie / hattest du ein schönes Wochenende?

what do you do when you feel sad?	was machst du, wenn du dich traurig fühlst?

A Meet the family

meet the family	die Familie kennenlernen

A1

bride	Braut
pageboy	Junge, der bei der Hochzeitszeremonie assistiert
his dad is a bit hidden behind some others	sein Vater ist ein bisschen hinter einigen anderen versteckt
hide ▲	verstecken
he and Phil don't look like each other at all	er und Phil sehen sich überhaupt nicht ähnlich
each other ▲	einander; sich
her ex	ihr Ex, ihr geschiedener Mann

▲ hide   hid   hidden (unregelmäßiges Verb)

▲ **Each other** ist ein nicht ganz einfacher Ausdruck. Einzelheiten siehe *Grammar*, 3.18.

A3

nuclear family	Kernfamilie
extended family	Großfamilie
explanation ▲	Erklärung
which kind of family is most common in your country?	welcher Familientyp ist in Ihrem / deinem Land am häufigsten?
common	häufig, üblich
it doesn't matter whether they live together or not	es spielt keine Rolle, ob sie zusammenleben oder nicht
it doesn't matter	es macht nichts, es ist egal

▲ Beachten Sie die Rechtschreibung: to expl**ain** ↔ explanati**on**

Lerntipp

It doesn't matter ist ein nützlicher Ausdruck, und es macht Sinn, einige solcher Ausdrücke zu lernen und abrufbar zu haben. Aber die meisten Dinge können Sie natürlich auch einfacher ausdrücken. Hier zum Beispiel können Sie einfach sagen *That's OK.* oder *No problem!*
Weitere Beispiele:

I don't mind.	Es macht mir nichts aus.
It's all the same to me.	Es ist mir egal / gleich.

whether	ob

A4

stepmum (stepmother)	Stiefmama (Stiefmutter)
patchwork family	Patchwork-Familie
an only child	ein Einzelkind
silver wedding anniversary	Silberhochzeitsfeier
silver	silber; Silber
wedding	Hochzeit
25 years of marriage	25 Ehejahre
marriage ▲	Ehe
I'm studying business administration	ich studiere Wirtschaft / BWL
business administration	BWL (Betriebswirtschaftslehre)

▲ marriage ↔ wedding
　 Ehe 　　↔ Hochzeit

my parents got divorced six years ago	meine Eltern haben sich vor sechs Jahren scheiden lassen
get divorced	sich scheiden lassen
I get on with his kids	ich komme mit seinen Kindern zurecht
get on with	zurechtkommen mit
I'd like to move out next year when I finish school	wenn ich nächstes Jahr mit der Schule fertig bin, würde ich gerne ausziehen

Lerntipp

Sie sollten über genügend Wortschatz verfügen, um das Wichtigste über Ihre Familie zu sagen. Schreiben Sie doch einfach einen kleinen Text über sich und Ihre Familie. So üben Sie die Wörter und Sie behalten sie auch besser. Wenn Sie ein Dossier in Ihrem *Europäischen Sprachenportfolio* angelegt haben, dann können Sie diesen Text dort ablegen.

B "My favorite things" ▲

▲ Es handelt sich hier um ein amerikanisches Lied, die Schreibweise folgt also dem Amerikanischen:
favorite (US) ↔ favourite (UK)
woolen (US) ↔ woollen (UK)

my favorite things	meine Lieblingsdinge

Lerntipp

Wie schon in Tipp 2 im *Student's Book* gesagt, es kann hier nicht darum gehen, alle Wörter dieses Liedes zu lernen. Manche Wörter behalten Sie automatisch, andere merken Sie sich ganz bewußt, weil sie wichtig für Sie sind.

B1

bee	Biene
kitten	Kätzchen
raindrops	Regentropfen
whiskers	Schnurrhaare (z.B. bei Katzen)
bright copper kettles	glänzende Kupferkessel
woolen mittens	wollene (Faust)Handschuhe
packages tied up with strings	Päckchen / Schachteln, die mit einer Schnur zusammengebunden sind
string	Band, Schnur
when the dog bites	wenn der Hund beißt
bite ▲	beißen
when the bee stings	wenn die Biene sticht
sting ▲	stechen

> ▲ Beachten Sie:
> bite   bit   bitten
> (unregelmäßiges Verb)

> ▲ Beachten Sie:
> sting   stung   stung
> (unregelmäßiges Verb)

B2

verse	Vers, Strophe

C Kids' stuff

kids' stuff ▲	Kinderkram

> ▲ **Kid** ist ein umgangssprachliches Wort für *children*. Es bedeutete ursprünglich *Ziegenjunges*.

C1

he's only four feet tall	er ist nur vier Fuß groß (1 Fuß = 30,48 cm)
foot, feet (plural) ▲	Fuß

> ▲ Fast alle offiziellen Maßangaben orientieren sich heutzutage in Großbritannien am metrischen System. Wenn es aber um Größe, Gewicht und Länge geht, benutzen gerade ältere Leute immer noch die alten Maßangaben, zum Beispiel *foot, feet*. Ein Maß, das bis heute nicht geändert wurde, und sich wahrscheinlich auch nie ändern wird, ist *mile* (=1,6 km), die Maßeinheit für Entfernungen. In den USA sind nach wie vor nicht-metrische Maßangaben die Norm.

his voice hasn't broken	er ist noch nicht im Stimmbruch
his dad divorced his mother	sein Vater hat sich von seiner Mutter scheiden lassen
divorce ▲	sich scheiden lassen

> ▲ *Sich scheiden lassen:* Sie können dies auf zweierlei Weise ausdrücken: to divorce ↔ to get divorce

bring up the baby on their own	das Baby allein aufziehen
on their own ▲	allein

grown-up	erwachsen
I'm really grateful to them	ich bin ihnen wirklich dankbar
grateful ▲	dankbar

my grandma did a pretty good job of it	meine Großmutter hat es ziemlich gut hinbekommen
kindergarten	Kindergarten
what do you mean?	was meinst du? / was meinen Sie?
mean	meinen, sagen wollen

Lerntipp

Nehmen Sie sich in Acht vor falschen Freunden, Wörtern also, die dem Deutschen sehr ähnlich sind, aber eine andere Bedeutung haben. **Mean** und *meinen* sind solch ein Fall und mit Blick auf die Übersetzung manchmal nicht ganz einfach. Vergleichen Sie:

What does this word **mean**?	Was heißt/bedeutet dieses Wort?
What do you **think** about my idea?	Was meinen Sie …
I don't understand you. What do you **mean**?	Ich verstehe Sie nicht. Was wollen Sie sagen?

I suppose I'll be the one to stop work	ich vermute, ich werde diejenige sein, die zu arbeiten aufhört
suppose	vermuten, annehmen

C3

in Harald's opinion ▲	Haralds Meinung nach

D Never a cross word

never a cross word	nie ein böses Wort
cross	böse, sauer

D1

fall out with someone	mit jemandem streiten
what did you argue about?	worüber habt ihr gestritten?
argue	streiten

> ### Lerntipp
>
> **About** kann oft mit *über* übersetzt werden. Betrachten Sie die folgenden Beispiele:
> What are you talking **about**?
> What do you think **about** my new idea?
> It's a book **about** football.
> Here's some information **about** the town.

D2

it's not a secret	es ist kein Geheimnis
secret	Geheimnis
we separated after three years	wir trennten uns nach drei Jahren
separate	sich trennen
pen friend	Brieffreund/in
we got to know each other online	wir haben uns übers Internet kennengelernt
he mailed me this photo	er hat mir dieses Foto gesendet

D3

content ▲	zufrieden
lonely	einsam
argument	Streit
chore	Hausarbeit; lästige Pflicht
I feel a bit like an outsider	ich fühle mich ein bisschen wie ein Außenseiter
outsider	Außenseiter/in

▲ Beachten Sie die Betonung:
con**tent**   zufrieden
content   Inhalt

E Feelings

feelings	Gefühle

E1

relieved	erleichtert
get in touch	in Verbindung treten
time off work	frei
suffer	leiden

Consolidation 2

C1

volunteer work	ehrenamtliche Arbeit / Tätigkeit

C3

self-help	Selbsthilfe

Unit 7: Modern times

modern times	moderne Zeiten
is the world getting smaller?	wird die Welt kleiner?
how dangerous is modern life?	wie gefährlich ist das moderne Leben?
what will the world be like in one hundred years?	wie wird die Welt in einhundert Jahren aussehen?

A It's a small world

it's a small world	die Welt ist klein

A1

which countries border on Poland?	welche Länder grenzen an Polen?
border on	grenzen an
chopsticks	(Ess)Stäbchen

A2

the Netherlands	die Niederlande
(the) Dutch	(die) Niederländer
caravan	Wohnwagen

A3

noodles	Nudeln
kissing	Küssen
shake hands	Hände schütteln
although I learnt	obwohl ich Englisch in der
English in school	Schule gelernt habe, war ich nie in
I never went to	Großbritannien
Great Britain	
although	obwohl
superstitious	abergläubisch
my son got engaged	mein Sohn hat sich mit einer
to a Japanese girl	Japanerin verlobt
get engaged	sich verloben

Lerntipp

Sind Sie Ausdrücken dieser Art mit **get** schon einmal begegnet?
Sie werden mehr davon in den Units 9 und 10 kennenlernen.
Merken Sie sich zunächst einmal diese:

get engaged	sich verloben
get married	heiraten
get divorced	sich scheiden lassen

I fell in love with Florian	ich habe mich in Florian verliebt
fall in love with	sich in … verlieben

Lerntipp

Und hier eine weitere Gruppe von Ausdrücken rund um das Verb
fall:

fall in love with …	sich in … verlieben
fall ill	krank werden
fall asleep	einschlafen

it is difficult to say	es ist schwer zu sagen,
what I found strangest	was ich am merkwürdigsten fand
strange	seltsam, merkwürdig

B If I won a million euros

if I won a million euros	wenn ich eine Million Euro
	gewinnen würde

B1

we wondered what you would do	wir haben uns gefragt, was du tun würdest
wonder ▲	sich fragen

> ▲ Englische Muttersprachler beginnen Sätze oft mit **I wonder ...**
> Es handelt sich dabei um eine Art und Weise, Fragen zu stellen:
>
> | | |
> |---|---|
> | I wonder if you'd like a cup of tea. | Hätten Sie gern eine Tasse Tee? |
> | I wonder if they'll come tomorrow. | Ob sie wohl morgen kommen? |
>
> Bitte beachten Sie, dass diese englischen Sätze keinerlei Überraschung ausdrücken und *wonder* und *wundern* hier eher als falsche Freunde zu betrachten sind. Vergleichen Sie den folgenden deutschen Satz, der im Englischen mit *surprise* wiedergegeben muss:
>
> | | |
> |---|---|
> | Ich wundere mich, dass er so viel isst. | I'm surprised that he eats so much. |

I can't afford to travel to Australia	ich kann es mir nicht leisten, nach Australien zu reisen
can't afford	sich nicht leisten können
a catering business	eine Catering-Firma, ein Party-Service
I think I'd invest some more money	ich glaube, ich würde etwas mehr Geld investieren
invest	investieren

B2

blacksmith	(Huf)Schmied/in
bookbinder	Buchbinder/in
bus conductor	Fahrkartenkontrolleur/in im Bus
maid	Dienstmädchen; Zimmermädchen
postman	Briefträger/in
sound engineer	Toningenieur/in, Tontechniker/in

B3

psychotherapist	Psychotherapeut/in
unemployed	arbeitslos
prize draw	Ziehung des Preises

C Crime doesn't pay

crime doesn't pay	Straftaten zahlen sich nicht aus / lohnen sich nicht

C1

burglar	Einbrecher/in
mugger	Straßenräuber/in
pickpocket	Taschendieb/in
robber	Räuber/in
break into	einbrechen

C2

my handbag's closed with a zip	meine Handtasche hat einen Reißverschluss
zip (UK)	Reißverschluss
I never felt a thing	ich habe gar nichts gespürt
were you robbed?	wurden Sie / wurdest du ausgeraubt?
rob	ausrauben, bestehlen
attack	Angriff, Attacke
they were big fellows	sie waren große Kerle
fellow	Kerl, Typ
I was scared	ich hatte Angst
be scared	Angst haben

Lerntipp

Sie haben bisher drei Möglichkeiten kennengelernt, Angst oder Furcht auszudrücken. Sie sollten alle drei Ausdrücke zumindest verstehen. Es genügt, wenn Sie einen auch aktiv benutzen können. Wählen Sie:
I'm frightened ...
I'm afraid ...
I'm scared ...
Auf alle drei Varianten kann die Präposition **of** folgen:
I'm frightened **of** dogs.

Merken Sie sich auch, dass wir *I'm afraid* benutzen, wenn wir uns entschuldigen möchten oder etwas Unangenehmes, zum Beispiel eine Beschwerde, höflich ausdrücken möchten:
I'm afraid I can't remember your name.
I'm afraid this soup is cold.

our car was locked	unser Auto war abgeschlossen
lock	abschließen
we got the money	wir bekamen das Geld
from the insurance	von der Versicherung
insurance	Versicherung
there was nothing	es war nichts Wertvolles
that was valuable	
valuable	wertvoll
never leave valuables	lassen Sie niemals Wertsachen
in the car	im Auto
valuables	Wertsachen

C3

witness	Zeuge / Zeugin sein

D Modern times

modern times	moderne Zeiten

D1

junk mail	im Internet: Junk-E-Mail
cyber crime	Internetkriminalität
same-sex marriage	Ehe von gleichgeschlechtlichen
	Partnern
Mexico allows	Mexiko erlaubt
same-sex marriage	gleichgeschlechtliche Ehen
allow	erlauben, zulassen

Lerntipp

Erinnern Sie sich an den folgenden Satz:
You're **not allowed to** smoke in here.
Es handelt sich um die Passivform des verbs **allow** und ist eine
andere Art und Weise *you mustn't* auszudrücken.
Oder *you can*: You're **allowed to** take a break after two hours.

mailbox	Mailbox
gang	Gang
commit a crime	eine Straftat begehen
commit	begehen

D3

can	Dose
lipstick	Lippenstift
stamp	Briefmarke
what do you guys think?	was denkt ihr?
nothing which goes bad, like food	nichts, was schlecht wird, wie z.B. Lebensmittel
go bad	schlecht werden
photos can fade	Fotos können verblassen
fade	verblassen
the cover will protect it	der Umschlag wird es schützen
cover	Umschlag, Buchcover
knife	Messer
make-up	Make-up, Schminke

E More or less technology

more or less technology   mehr oder weniger Technologie

E1

electronic books	E-Bücher, elektronische Bücher
electronic calendar	elektronischer Kalender
notebook computer	Notebook
digicam	Digitalkamera
satnav	Navigationssystem

E2

electricity	Elektrizität, Strom
battery	Batterie
kerosene	Kerosin
solar panel	Solarzelle
petrol-powered	benzinbetrieben

E3

work the lights	Strom für die Beleuchtung liefern
power the televisions	die Fernseher mit Strom versorgen
develop	entwickeln
dynamo	Dynamo

Unit 8: Our world

our world	unsere Welt
have you ever used a typewriter?	haben Sie/hast du schon einmal eine Schreibmaschine benutzt?
would you wear the same outfit for a whole year?	würden Sie/würdest du ein ganzes Jahr dieselbe Kleidung tragen?
are you going to throw away that old tin?	werfen Sie/wirfst du diese alte Dose weg?

A The way things used to be

the way things used to be	etwa: wie es (früher) einmal war

A2

sketch	Zeichnung
playground	Spielplatz

B What if?

what if?	was (wäre) wenn?

B1

wind energy	Windenergie
if we bought food in season, we'd support local producers	wenn wir Nahrungsmittel saisonal kaufen würden, würden wir regionale Erzeuger unterstützen
in season	saisonal, nach Saison
support	unterstützen
if we stopped cutting down the rainforests, future generations would have a better chance of a good life	wenn wir aufhören würden, die Regenwälder abzuholzen, hätten zukünftige Generationen Aussicht auf ein besseres Leben
rainforest	Regenwald
if more people rode bicycles, there'd be less pollution	wenn mehr Leute das Fahrrad benutzen würden, gäbe es weniger Verschmutzung
pollution	Verschmutzung

if we used more wind energy, we'd need fewer power stations	wenn wir mehr Windenergie nutzen würden, kämen wir mit weniger Kraftwerken aus
power station	Kraftwerk
slow down ▲	langsamer werden

▲ Das Wort **down** kommt immer dann ins Spiel, wenn irgendetwas reduziert wird.

Geschwindigkeit:
slow down   abbremsen, langsamer werden

Menge:
go down   sinken, fallen
(I don't think the price of petrol will go down.)

Volumen:
turn down   leiser stellen, herunterdrehen
(Can you turn down the music, please? It's too loud.)

save fuel	Brennstoff sparen
save	sparen

B2

welcome to our weekly feature	(herzlich) willkommen zu unserem wöchentlichen Beitrag
weekly	wöchentlich
feature	Beitrag

plastic wrapping	Plastikverpackung
waterproof clothing	wasserfeste Kleidung
toilet seats	Toilettensitze
within the next fifty years	innerhalb der nächsten fünfzig Jahre
there'll eventually be no oil at all	irgendwann wird es gar kein Öl mehr geben
eventually ▲	irgendwann
production costs will go sky-high	Produktionskosten werden ins Unermessliche steigen
production costs	Produktionskosten
sky-high	schwindelerregend, unermesslich
heating oil	Heizöl

▲ Beachten Sie auch diesen falschen Freund:
eventually ↔ possibly
irgendwann, ↔ eventuel
schließlich

we'd pay cash	wir würden bar zahlen
cash	Bargeld
if we didn't have	wenn wir keine Schirme
nylon umbrellas	aus Nylon hätten
nylon ▲	Nylon
helmet	Helm
reduce, reuse, recycle	reduzieren, wieder-verwerten, recyceln
reuse	wiederverwerten
fuel consumption	Brennstoffverbrauch
consumption	Verbrauch, Konsum

▲ Achten Sie auf die Aussprache:
nylon /'naɪlɒn/ (ny wird wie in sky ausgesprochen)

C Global warming
global warming globale Erwärmung

C1

if the polar ice caps	wenn die polaren Eiskappen
continue to melt at	weiter so schnell schmelzen
the present rate	wie bisher
polar ice caps	polare Eiskappen
melt	schmelzen
at the present rate	mit der gegenwärtigen Geschwindigkeit
sea level	Meeresspiegel
coastline	Küste
heavy rainfall	schwere Regenfälle
serious flooding	schwere Überflutungen
drought	Dürre, Trockenheit
destructive storms	zerstörerische Stürme
slow something down ▲	etwas bremsen, verlangsamen

▲ Vergleichen Sie:
Perhaps we can **slow down** global warming if we reduce CO_2 emissions.
You're working too hard: you should **slow down**.
When you drive into the town, you have to **slow down**.

reduce CO_2 emissions	CO_2-Ausstoß verringern
emissions	Emissionen, Ausstoß

C2

things will be all right ▲   in Ordnung

> ▲ **All right** steht im Englischen häufig
> auch für *OK*:
> The food wasn't great: it was **all right**.
> If you prepare for the exam, you'll be
> **all right**.
> Can you help me? – **All right**!

save energy	Energie sparen
switch off ▲	ausschalten
LED products	LED Produkte

> ▲ Merken Sie sich:
> switch on ≠ switch off

D Back to the basics

back to the basics   zurück zum Wesentlichen

D1

which outfit would you   welches Outfit würden Sie / würdest du
wear for a whole year?   ein ganzes Jahr lang tragen?
which   welcher, welche, welches
outfit   Outfit, Kleidung

Lerntipp

Wir verwenden **which**, wenn wir zwischen mehreren Dingen
wählen können. Mehr dazu in Unit 10 und hier im Companion
Grammar, 3.16.3.

set of clothes	Garnitur (Kleidung)
sustainable fashion	nachhaltige Mode
sustainable	nachhaltig
seven identical dresses ▲	sieben identische Kleider
identical	identisch, gleich

> ▲ Zwei Wörter im Englischen, aber nur
> eins im Deutschen:
> dress(es)   Kleid(er)
> clothes   Kleider
> Das Wort **dress** wird nur für Damen-
> bekleidung verwendet!

she wears the dress   sie trägt das Kleid über andere
 with layers and second-   Sachen und mit Accessoires aus
 hand accessories   zweiter Hand

layers	hier: Kleidungsstücke übereinander, in Schichten
accessories	Accessoires
in charity shops	in Charity-Läden
or at flea markets ▲	oder auf Flohmärkten
charity shop	Laden, in dem gespendete Dinge für wohltätige Zwecke verkauft werden
flea market	Flohmarkt
buttoning in front	hinten oder vorne geknöpft
or at the back	
breathable cotton	atmungsaktive Baumwolle
pocket	Tasche (in Kleidungsstücken)
donate	spenden
roll up the sleeves	die Ärmel hochkrempeln

▲ Beachten Sie:
at the market ↔
auf dem Markt

D2

a yoghurt container	ein Joghurtbehälter
container	Behälter
oil drum	Ölfass
cello	Cello
egg cup	Eierbecher

E The most beautiful place on earth

the most beautiful	der schönste Ort
place on earth	auf Erden

E1

long, rolling hills	lange, rollende Hügel
prairie	Prärie
magical extremes of	magische Extreme von
light and darkness	Licht und Schatten

E2

seagulls	Möwen

H Homestudy

H2

rubbish bags	Mülltüten

H3

tremendous	gewaltig, enorm

Unit 9: Good health

good health	gute Gesundheit
what language does your heart speak?	welche Sprache spricht Ihr / dein Herz?
would you like an appointment at a spa?	hätten Sie / hättest du gerne einen Termin in einem Wellnessbad?
have you ever had health problems or an accident on holiday?	hatten Sie / hattest du im Urlaub schon einmal gesundheitliche Probleme oder einen Unfall?

A Your body

your body	Ihr / dein Körper

Lerntipp

Im Abschnitt *Phrasebank* (siehe S. 143) sind Abbildungen, die die verschiedenen Teile des menschlichen Körpers zeigen. Für die (visuellen) Lerner unter Ihnen, die sich neuen Wortschatz gerne über Bilder oder Vorstellungen davon einprägen, ist dies sicherlich eine große Hilfe. Sollten Sie eher jemand sein, der Dinge durch Anfassen und Berühren begreift, dann lernen Sie diese Vokabeln am besten, indem Sie sie (laut) sprechen und dabei die entsprechenden Körperteile berühren. So verknüpfen Sie Wörter mit Gegenständen.

A2

migrants	Migranten, Migrantinnen
Farsi	Farsi (die persische Sprache)
Manga comics	Manga Comics (Comics in japanischem Stil)
comic	Comicheft
liver	Leber

A3

embarrassing	peinlich
don't be stupid	sei nicht dumm
stupid	dumm

A4

Lerntipp

Der neue Wortschatz im folgenden Abschnitt sollte unbedingt im Satzzusammenhang gelernt werden. Der Grund dafür ist, dass die Wörter hier sehr häufig genau in dieser Kombination auftreten.
So endet beispielsweise der Satz **I sprained my ...** fast immer mit **ankle** oder **wrist**.

get bitten by / be bitten by: im Englischen übrigens nicht nur von Hunden oder Schlangen, sondern auch von Stechmücken:
I **got bitten by** a mosquito.
Gestochen (**got stung by**) wird man im Englischen gewöhnlich von Wespen oder Bienen:
I **got stung by** a wasp / by a bee.

Mehr zu Passivsätzen mit **get** und **be** hier im Companion *Grammar*, 2.9.

---

sprain your ankle	den Knöchel verstauchen
sprain	verstauchen
ankle	Knöchel
get bitten by a snake	von einer Schlange gebissen werden
get bitten	gebissen werden
snake	Schlange
get stung by a wasp	von einer Wespe gestochen werden
get stung	gestochen werden
wasp	Wespe

B Looking after your body

looking after your body   sich um seinen Körper kümmern

B1

treatment	Behandlung
if your neck or	wenn Ihr / dein Nacken und
shoulders are stiff	Ihre / deine Schultern steif sind
and aching	und schmerzen
neck ▲	Nacken, Hals
shoulder	Schulter
stiff	steif
aching ▲	schmerzend
suffer from	unter Kopf-
a headache	schmerzen leiden
suffer from	leiden unter
blood circulation	(Blut)Kreislauf
blood	Blut
circulation	Kreislauf
a range of movements	eine Reihe von Bewegungen
range	Reihe

▲ a stiff neck (außen: Hals, Nacken) ↔ a sore throat (innen: Halsschmerzen) Beachten Sie die Ähnlichke von *neck* und *Nacken*.

▲ Beachten Sie die Wort-
familie:
My head is **aching**.
I've got a **headache**.

it'll help to decrease	es wird Ihnen / dir helfen,
your blood pressure	Ihren / deinen Blutdruck
	zu senken
decrease ▲	senken
blood pressure	Blutdruck
the oils are poured	die Öle werden
over the body	über den Körper
	gegossen
pour	gießen, schütten
using rhythmic,	mit rhythmischen,
gentle strokes	sanften Bewegungen
rhythmic	rhythmisch
stroke	Bewegung
the palm of her hand	die Innenfläche ihrer Hand
palm ▲	Handinnenfläche

▲ to **decrease** something ≠ to **increase** something Auch häufig verwendet: to **reduce** something.

▲ In der Welt der Computer sind **palmtops** kleine elektronische Geräte, die sozusagen in Ihre Handinnenfläche (the **palm** of your hand) passen. Sie werden auch **PDAs** (personal digital assistants) oder **handhelds** genannt. Vergleichen Sie mit den **laptops**, den tragbaren Computern, die Sie wort-wörtlich in Ihren Schoß (your **lap**) legen können. Diese nennt man auch **notebooks** oder **portable computers**. Und dann gibt es noch die **netbooks**, die von der Größe her zwischen *palmtops* und *notebooks* liegen.

strong and deep	stark und tief(gehend)
deep	tief

luxurious facials	wohltuende kosmetische Gesichtsbehandlung
luxurious	luxuriös, üppig; hier: wohltuend
facial ▲	Gesichts-; Gesichtsbehandlung
skin	Haut
skincare consultation	Hautpflegeberatung
consultation	Beratung
analyze	analysieren, untersuchen

> ▲ Beachten Sie die Aussprache von **facial**. Das *ci* wird wie *sh* ausgesprochen. Vergleichen Sie mit *ti* in *situation*.

hips	Hüften
to strengthen and balance your body	den Körper stärken und ins Gleichgewicht bringen
strengthen	stärken
balance	ausgleichen
it can restore your strength	es kann Ihre / deine Kraft wiederherstellen
restore	wiederherstellen

Lerntipp

Betrachten Sie die beiden folgenden Wortfamilien bestehend aus Adjektiven, Nomen und Verben:

strong	strength	strengthen
long	length	lengthen

it will strengthen your muscles	es wird Ihre / deine Muskeln stärken
muscle ▲	Muskel
your posture when standing, sitting or moving	deine Haltung, wenn du stehst, sitzt oder dich bewegst
posture	(Körper)Haltung

> ▲ Beachten Sie die Aussprache von **muscle**. Es sieht auf den ersten Blick so aus, wie das deutsche Wort *Muskel*, allerdings entfällt beim Sprechen das *k*. Sprechen Sie so: /ˈmʌs(ə)l/

B2

the massage therapist covers your head and body in oil	der Masseur / die Masseurin reibt deinen Kopf und deinen Körper mit Öl ein
cover	(rundherum) einreiben

has your friend been to us before? ▲	war dein Freund/deine Freundin schon einmal bei uns?

▲ Wir verwenden die Frage **have you been to ...?** im Sinne von *besuchen*, also irgendwo hingehen und wieder zurückkehren:
Have you ever been to Rome?

C Holiday problems

holiday problems	Probleme im Urlaub

C1

upset stomach	verdorbener Magen
diarrhoea ▲	Durchfall
alcohol poisoning	Alkoholvergiftung
poison	vergiften
flu ▲	Grippe

▲ Was die Aussprache angeh so sieht dieses Wort schlimmer aus, als es ist: /ˌdaɪəˈriːə/.

C2

▲ **Flu** ist die Abkürzung von **influenza**. In der gesprochenen Sprache wird fast immer die Abkürzung benutzt.

patient	Patient/in
I was walking on the rocks	ich ging auf den Felsen (spazieren)
rock	Fels
that's a nasty cut	das ist ein schlimmer Schnitt
nasty	schlimm, hässlich
cut	Schnitt
I need to stitch it for you	es muss genäht werden
stitch	nähen
your last tetanus injection	Ihre/deine letzte Tetanusspritze
tetanus	Tetanus
injection	Spritze
to be safe	um sicherzugehen, zur Sicherheit

C3

a vaccination protects you against an illness	eine Impfung schützt dich vor einer Krankheit
protect against	schützen vor

Lerntipp

Hier ein anderes Beispiel, das zeigt, wie wichtig es ist, Wörter im Zusammenhang zu lernen:
protect **against**   schützen vor

holidaymaker	Urlauber/in
avoid illness and	Krankheit und Unfälle
accidents	vermeiden
avoid	vermeiden

D The worst holiday

the worst holiday	der schlimmste Urlaub

D1

the honeymoon	etwa: die Hochzeitsreise
went wrong	war ein Reinfall
go wrong	schiefgehen, schieflaufen
unexpected guests	unerwartete Gäste
unexpected	unerwartet
a cabin in the jungle	eine Hütte im Urwald
cabin	Hütte
jungle	Dschungel, Urwald
monkey	Affe
our artist's impression	der Eindruck unseres Künstlers /
	unserer Künstlerin

D2

Ross tried to get the	Ross versuchte, die Affen
monkeys out of the	aus der Hütte zu jagen
cabin	
get (something) out of	(etwas irgendwo) heraus-
(somewhere)	bekommen, entfernen
they attacked him	sie griffen ihn an
attack	angreifen
one of the monkeys	einer der Affen biss ihn
bit him on the hand	in die Hand
bite	beißen
ambulance	Unfallwagen, Rettungswagen

D3

representative	Vertreter/in; hier: Mitarbeiter/in

E Water

E2

waves	Wellen

E3

drinking fountain	Trinkbrunnen
a water tap is dripping	ein Wasserhahn tropft
cosy	gemütlich

Consolidation 3

C2

| fully furnished | voll möbliert |

C3

| festival | Fest; Festival |

C4

| get something repaired ▲ | etwas reparieren lassen |

▲ Mehr zu dieser grammatischen Form vgl. hier im Companion *Grammar*, 2.9.2.

C5

| clutter | Durcheinander, Kram |

C6

| ballgown | Ballkleid |

Unit 10: Party time

party time	etwa: Zeit zum Feiern
is there anything that you don't eat or drink?	gibt es etwas, das Sie nicht essen oder trinken?
what kind of party food do you prefer?	welche Art von Speisen mögen Sie / magst du auf Partys am liebsten?
what have you learnt on this course?	was haben Sie / hast du in diesem Kurs gelernt?

A What don't you eat?

| what don't you eat? | was essen Sie / isst du nicht? |

A1

| cod | Kabeljau, Dorsch |
| crab | Krebs |

Lerntipp

Es ist nicht immer leicht, die Bezeichnungen für die verschiedenen Sorten von Fisch zu übersetzen. Deshalb halten wir es hier so einfach wie möglich und unterscheiden die Gruppen **freshwater fish** (Süßwasserfisch), **seafish** (Meerwasserfisch) und **seafood** (Meeresfrüchte). Sie lernen darüber hinaus die Namen der beliebtesten Fischsorten und Meeresfrüchte kennen, zum Beispiel **salmon**, **prawns** etc. Wenn Sie Fisch mögen, dann sollten Sie sich einige dieser Namen merken. Aber das ist Ihre ganz persönliche Entscheidung.

lobster	Hummer
prawns	Garnelen
salmon	Lachs
herring	Hering
sea bass	Seebarsch
shrimp	Shrimps, Krabben
trout	Forelle
perch	Flussbarsch
oysters	Austern
mussels	(Mies)Muscheln
clams	Venusmuscheln
seafood	Meeresfrüchte
freshwater ▲	Süßwasser

▲ Beachten Sie:

freshwater	Süßwasser	sea/salt water	Salzwasser
river	Fluss	ocean	Ozean
lake	See	sea	See, Meer

game	Wild
mutton	Hammel(fleisch)
veal	Kalb(fleisch)
venison	Reh(fleisch)

Lerntipp

Viele englische Wörter haben ihren Ursprung in den germanischen Sprachen. Aber auch der Einfluss der französischen Sprache war groß. Wenn es um Tiere und Fleischsorten geht, kann man das sehr deutlich erkennen. Der Name für das Tier ist meist dem Deutschen sehr ähnlich, die entsprechende Bezeichnung für das Fleisch ähnelt dem Französischen:

cow (Kuh)	beef (bœuf)
pig	pork (porc)
sheep (Schaf)	mutton (mouton)
calf (Kalb)	veal (veau)

A2

kill animals	Tiere töten
kill	töten; umbringen
I believe in animal rights	ich glaube an Tierrechte
animal rights	Tierrechte
I have a gluten intolerance	ich habe eine Glutenunverträglichkeit
intolerance	Unverträglichkeit, Intoleranz
Brussels sprouts	Rosenkohl
cage	Käfig
for moral, cultural or religious reasons ▲	aus moralischen, kulturellen oder religiösen Gründen
religious	religiös

▲ Vergleichen Sie:
for religious reasons ◄
aus religiösen Gründe

B Organizing the party

organizing the party   eine Party organisieren

B1

Friday after next	übernächsten Freitag
Friday before last ▲	vorletzten Freitag
refuse	sich weigern, verweigern, ablehnen
catering	Bewirtung, Catering

▲ Eine Übersicht über solch
und ähnliche Zeitbestim
mungen finden Sie hier
im Companion *Gramma*
5.4.1.

B2

finger food	Appetithäppchen, Fingerfood
sit-down meal	Essen, bei dem man sitzt und bedient wird
buffet	Buffet
a drop of milk ▲	ein Tropfen Milch

▲ Man sagt **a drop of milk**, wenn man nur ganz
wenig Milch in seinem Tee oder Kaffee mag.

farewell dinner	Abschiedsessen
a proper meal	eine richtige Mahlzeit
if you have people with different diets	wenn wir Menschen mit verschiedenen Ernährungsgewohnheiten haben
diet	Diät; Ernährung
grilled lamb	gegrilltes Lamm

that sounds fun	das hört sich gut / spaßig an

Lerntipp

Ähnliche Ausdrücke wie **that sounds fun** gibt es auch in Verbindung mit anderen Verben der sinnlichen Wahrnehmung. Bitte merken Sie sich die folgenden Sätze , denn sie werden sehr häufig benutzt:

That looks very attractive.	Das sieht sehr anziehend aus.
That sounds interesting.	Das klingt interessant.
It feels colder today.	Man hat das Gefühl, dass es heute kälter ist.
The fish **smells** bad.	Der Fisch riecht nicht gut.
The vegetables **taste** very fresh.	Das Gemüse schmeckt ganz frisch.

Bitte beachten Sie, dass wir hier Adjektive (und nicht, wie gewöhnlich, Adverbien) mit einem Verb verbinden: *attractive, interesting* etc. (und nicht *attractively, interestingly* etc.)

quote	Angebot, Kostenvoranschlag

B3

I'll get that organized	ich bekomme das hin, ich sorge dafür, ich kümmere mich darum
get the people to sing and to dance	die Leute dazu bringen, dass sie singen und tanzen
encourage	ermutigen
persuade	überreden

C Changing the arrangements

changing the arrangements	den (festgelegten) Ablauf ändern

C1

karaoke	Karaoke

C3

caterer	Partyservice, Lieferfirma für Speisen und Getränke

special dietary requirement ▲	hier: spezielle Ansprüche / Wünsche, was das Essen angeht

> ▲ Das englische Wort **diet** hat nicht die gleiche Bedeutung wie *Diät*. Hier geht es im weiteren Sinne darum, was Leute gewöhnlich essen oder nicht essen, zum Beispiel: John has a very healthy and balanced diet.
>
> Wenn jemand nicht alles essen darf, dann spricht man im Englischen von **special dietary requirements**.
>
> Sehr häufig wird der Begriff **diet** auch benutzt, wenn jemand sein Gewicht reduzieren und weniger essen möchte. Dann sagt man: Richard is **on a diet**.

ingredient	Zutat

D At the party
at the party	auf der Party

D1
spill	verschütten
queue (UK)	(Menschen)Schlange
clumsy	ungeschickt
is this a line?	stehen Sie an? ist das die Schlange …?
line (US) ▲	Schlange

▲ queue (UK)	↔	line (US)
to stand **in a queue**		to stand **in lin**

D5
see a difference	einen Unterschied sehen / erkennen

E Games
games	Spiele

E4
whisper	flüstern

H Homestudy

H2
peanut butter	Erdnussbutter

Consolidation 4
miss a turn	einmal aussetzen
go back	zurückgehen
go ahead	vorwärts gehen

Grammar *Grammatik*

Contents *Inhalt*

Grammar

1 English sentences *Englische Satzarten*

1.1 Word order *Satzbau*

Im Englischen steht das Subjekt in einem bejahten Aussagesatz immer vor dem Verb.

Sehen Sie sich den folgenden Satz an:
The man drinks the wine.
Auf Englisch gibt es nur diese eine Möglichkeit, den Satz sinnvoll zu schreiben. Auf Deutsch hat man dafür zwei Möglichkeiten:
Der Mann trinkt den Wein.
Den Wein trinkt der Mann.

Vergleichen Sie auch:
In the morning I drink coffee.
Morgens trinke ich Kaffee.

I haven't got a pet because I don't like animals. (→ 3.16.5)
Ich habe kein Haustier, weil ich Tiere nicht mag.

If the weather is nice tomorrow, we'll go for a walk. (→ 1.6.1)
Wenn das Wetter morgen schön ist, gehen wir spazieren.

I think that the weather will be nice. (→ 1.8)
Ich denke, dass das Wetter schön wird.

1.2 Questions and negative sentences *Fragen und verneinte Sätze*

Wie im Deutschen:

You're (a good listener).	Are you ...?	You aren't ...
Sie sind ...	Sind Sie ...?	Sie sind nicht ...
You can (use a computer).	Can you ...?	You can't ...
Sie können ...	Können Sie ...?	Sie können nicht ...
You've (got a pet).	Have you (got ...)?	You haven't (got ...)
Sie haben ...	Haben Sie ...?	Sie haben nicht ...

Anders als im Deutschen:

She drinks tea.	**Does** she drink tea?	She **doesn't /** **does not** drink tea.
Sie trinkt Tee.	Trinkt sie Tee?	Sie trinkt keinen Tee.
He play**ed** golf.	**Did** he play golf?	He **didn't / did not** play golf.
Er hat Golf gespielt.	Hat er Golf gespielt?	Er hat nicht Golf gespielt.

1.3 Short answers *Kurzantworten*

Typisch für das Englische sind Kurzantworten, die man zusammen mit den Wörtern **yes** und **no** benutzt, zum Beispiel:

Are you German?	Yes, I am. / No, I'm not.
Do you speak English?	Yes, I do.

Beachten Sie, dass die Kurzantworten wie ein Echo der Frage klingen. Hier sind einige Beispiele:

Are you ...?	Yes, I am.	No, I'm not.
Is she (coming)?	Yes, she is.	No, she isn't.
Is there ...?	Yes, there is.	No, there isn't.
Was he ...?	Yes, he was.	No, he wasn't.
Can you ...?	Yes, I can.	No, I can't.
Do you (speak) ...?	Yes, I do.	No, I don't.
Do you (have) ...?	Yes, I do.	No, I don't.
Have they (seen) ...?	Yes, they have.	No, they haven't.
Did you (play) ...?	Yes, I did.	No, I didn't.
Did he (play) ...?	Yes, he did.	No, he didn't.

1.4 Exclamations *Ausrufesätze*

What a great present!
How clumsy of me! *Unit 10, D1b*

Wenn man Überraschung, Erstaunen, Erschrecken usw. ausdrücken möchte, stehen die folgenden beiden Satzformen zur Verfügung:

What a (+ Adjektiv) + Nomen!	Was für ein(e) ...!
How + Adjektiv!	Wie ...!

What an interesting pet!

Beachten Sie auch:

How nice of you to come!   Wie nett (von Ihnen), dass Sie
gekommen sind!

1.5 Direct and indirect objects *Direkte und indirekte Objekte*

I visited my family last weekend.
The teacher helps the class.
He should give his father a bottle of whisky.
He should give a bottle of whisky to his father.
Can I get you a drink?   *Unit 10, D1b*

Im Englischen werden, im Gegensatz zum Deutschen, die Fälle (Nominativ, Dativ und Akkusativ) formal nicht unterschieden. Adjektive und Nomen ändern in der Deklination ihre Form nicht.
Die Reihenfolge der Wörter ist also sehr wichtig (→ 1.1). Das Objekt im Satz steht normalerweise direkt nach dem Verb, zum Beispiel:
    I visited my family.

Wenn ein Verb zwei Objekte hat, gibt es im Englischen zwei Möglichkeiten:
a) Stellen Sie das **indirect objekt** vor das **direct object** (ähnlich wie im Deutschen):

    He gives **his father a bottle of whisky**.
    Er gibt seinem Vater eine Flasche Whisky.

b) Stellen Sie das **direct object** hinter das Verb und verwenden Sie die Präposition **to** für das **indirect objekt**:

    He gives **a bottle of whisky to his father**.

Beachten Sie aber die folgenden Sätze:
  Give **us a hand**, please.   *Unit 9, A3a*
  Can I get **you a drink**?   *Unit 10, D1b*

Im ersten Beispiel kann man die Wortstellung überhaupt nicht ändern, im zweiten Beispiel benutzt man, wenn man den Satz umstellen möchte, eine andere Präposition:
  Can I get a drink **for** you?

1.6 Sentences with "if" *Bedingungssätze*
1.6.1 "If" with the present simple

  Talk to your doctor **if** you don't feel better soon.
  If you have a problem, you can call me on my mobile.
  If you learn a few new words every week, you'll know a lot by the end of the course.
  We're going to have a barbecue tomorrow **if** the weather's OK.

Der erste Satz unterscheidet sich von der deutschen Übersetzung nur in der Wortstellung: „Gehen Sie zum Arzt, wenn Sie sich nicht bald besser fühlen." Die Verben haben in beiden Sprachen im Prinzip die gleichen Zeitformen. Wir sprechen über etwas, was hier und jetzt und in der Zukunft als möglich und realistisch erscheint.

In jedem der folgenden Beispiele steht die Bedingung im **present simple**:
  ... if you **don't feel** better soon.
  If you **have** a problem ...
  If you **learn** a few new words ...
  ... if the weather**'s** OK tomorrow.

Die andere Hälfte des Satzes gibt Auskunft darüber, was in der Zukunft möglich ist. Das Verb steht manchmal in der Befehlsform (→ 2.8):
  Talk to your doctor.
Oder es handelt sich um Modalverben wie **can, must, may** etc. (→ 2.7):
  ... you **can** call me ...
Oder aber um eine Form des Futurs wie **will** oder **going to**:
  ... you**'ll know** a lot ...
  We**'re going to have** a barbecue ...

Wenn Sie diese Beispiele ins Deutsche übersetzen, werden Sie feststellen, dass sie ähnlich strukturiert sind.

Beachten Sie, dass im Gegensatz zum Deutschen das Komma nicht immer gesetzt werden muss. Üblicherweise wird ein Komma gesetzt, wenn ein Satz mit dem **if**-Teil beginnt. Steht der **if**-Teil am Schluss, ist kein Komma nötig.

Achten Sie auch auf den Unterschied zwischen **if** und **when**. **When** bezieht sich auf die Zeit. Vergleichen Sie:

When I'm big I'm going to drive a big truck like that.

If you're good, I'll buy you some chocolate.

1.6.2 "If" with the past simple

If I won a million euros, I'd buy a big car.	*Unit 7, B1a*
(In my dreams) I'd try to stop smoking.	*Unit 8, B1a*
We'd work less (**if** we had the choice).	*Unit 8, B1a*

Diese Sätze beziehen sich auf Situationen, die wir uns zwar vorstellen können, die jedoch nicht im Bereich des Wahrscheinlichen sind. Im ersten Beispiel hat die Person natürlich nicht im Lotto gewonnen, sie träumt nur davon. Die Möglichkeit ist zwar da (denn irgendwer muss ja im Lotto gewinnen), aber im Moment ist es nur ein Traum.

Vergleichen Sie mit der deutschen Übersetzung „Wenn ich eine Million Euro gewinnen würde, würde ich ein großes Auto kaufen." Beachten Sie, dass sich diesmal nicht nur die Wortstellung ändert, sondern auch die Verben in anderen Zeitformen stehen. Während im Deutschen „würde" in beiden Satzhälften auftaucht, folgt das Englische dem folgenden Muster:

If + past simple tense	would + verb

Auch andere Modalverben als **would** sind denkbar (→ 2.7), zum Beispiel:
  If you won the Lotto, you **could** stop work – if you wanted to.
  The company **might** lose business if it increased its prices.

Vergleichen Sie die folgenden Situationen:

1.7 Reporting and indirect speech *Berichten und indirekte Rede*
1.7.1 With no change of tense *Ohne Änderung der Zeitform*

It's your mother on the phone: she says she's
coming to visit!
Sylvia answered that she's going to work on an aid   *Unit 3, A2e*
project in India.
David said that they go hiking every year.   *Unit 3, A2e*

Es gibt verschiedene Möglichkeiten, eine Aussage oder eine Mitteilung
weiterzugeben:

a) In der gesprochenen Sprache kann man etwas Gesagtes direkt weiter-
   geben:
   "The teacher said you can do it."
   "I told my girlfriend I don't want to get married."

Beachten Sie den Unterschied zwischen **say** und **tell**:
– say something
– tell **a person** something (**tell** braucht ein indirektes Objekt!)

b) Man kann die indirekte Rede benutzen, wie in den Beispielen oben.
   Oft ist es gar nicht nötig, die Zeitformen zu ändern, zum Beispiel:
   "John **has** a sister."   She said that John **has** a sister.

In diesem Fall ist die Aussage noch „gültig". Die Schwester von John ist
noch „da".

Ähnliches gilt für die Beispiele oben: die Schwiegermutter kommt (der
Besuch liegt in der Zukunft), Sylvia plant für die Zukunft, und David
spricht über eine Gewohnheit, der er nach wie vor nachgeht (er geht
in diesem Jahr wandern, genauso wie im letzten).

Man kann das Berichtete durch **that** einleiten, muss aber nicht:
   David said they go hiking every year.

▲ Kein Komma (→ 6)!

Eine indirekte Frage wird entweder durch **if** oder **whether** eingeleitet,
zum Beispiel:
   I asked her **if** she's going on holiday this year.

1.7.2 With a change of tense *Mit Änderung der Zeitform*

He said that the hotel was full.   *Unit 9, D3c*
He said he would come as soon as he could.   *Unit 9, D3c*

Die beiden Beispiele werden in folgender Situation benutzt: Die Person,
die spricht, ist aus dem Urlaub zurückgekehrt und beschwert sich über
Dinge, die schiefgelaufen sind. Alles, was sie berichtet, hat zu einer
bestimmten Zeit und an einem bestimmten Ort in der Vergangenheit
stattgefunden.

Vergleichen Sie die direkte mit der indirekten Rede:
   "The hotel **is** full."   He said (that) the hotel **was** full.
   "I**'ll** come as soon as I **can**."   He said (that) he **would** come as
                                     soon as he **could**.

Bei dieser Form von indirekter Rede wird die Zeit „zurückgestuft".
Hier einige Beispiele:

present simple	past simple
goes	went
is	was
have	had
present continuous	**past continuous**
am going	was going
will	**would**
can	**could**
may	**might**
must	**had to**

Beachten Sie die Unterschiede zwischen dem Englischen und dem
Deutschen: Im Englischen gibt es den Konjunktiv nicht, und auch die
Wortstellung im Satz wird nicht verändert. Im Englischen setzt man
kein Komma (→ 6).

1.7.3 Other forms of reporting *Weitere Formen des Berichtens*

My boss **told me to finish** this work today.
I **asked my neighbour to help** me.
Our teacher **explained to us how to do** the exercise.
My friend **recommended me to try** the new restaurant in town.

Es gibt auch viele Verben, die sich für das Berichten von Dingen eignen
und mit einem Infinitiv benutzt werden können (→ 2.10). Das erste
Beispiel hier entspricht einem Befehl, das zweite einer Bitte, das dritte
einer Erklärung und das vierte einer Empfehlung.

1.8 Opinions, hopes etc. *Meinungen, Hoffnungen etc.*

I think (that) Manchester United will win again next year.
I hope (that) I'll have some grandchildren soon.
I don't think (that) there should be only one official
language in Europe.   *Unit 1, B2b*

Meinungen, Hoffnungen usw. mit Blick auf die Zukunft werden mit **will**
(→ 2.6.3) oder **going to** (→ 2.6.2) ausgedrückt, zum Beispiel:
I think Werder Bremen **will** win.
I think Werder Bremen's **going to** win.

Satzteile, die Meinungen, Hoffnungen etc. ausdrücken, können mit oder ohne **that** eingeleitet werden. Die Wortfolge im Satz bleibt unverändert:
    You're right.
    I think (that) you're right.

Meinungen darüber, wie die Dinge sein sollten, werden mit **should** ausgedrückt (→ 2.7.3). Beachten Sie auch die Stellung von **not** in folgendem Beispiel:
    I don't think there should be only one official language in Europe.

So drückt man sich im Englischen gewöhnlich aus, wenn man nicht einverstanden ist. Hier noch ein Beispiel:
    I don't think that's a good idea.

2 Verbs *Verben*

2.1 Present tenses *Gegenwartsformen*
2.1.1 Present simple

I **live** in Zurich. Where **do** you **live?**
Greeks **spend** less on heating than Germans.   *Unit 7, A2a*
Louise usually **works** indoors.
I **think** there should be one official language in Europe.   *Unit 1, B2b*
The girl **knows** who she is and **gets** furious.   *Unit 2, D2*
After Amanda **sees** her sick daughter, she **gives** up her   *Unit 2, D2*
job to take care of her.

Das **present simple** wird gebraucht:
a) um auszudrücken, dass etwas **allgemein gültig** und wahr ist, gestern,
   heute und morgen. Vergleichen Sie:
   I live in Munich. (Das ist mein Wohnort.)
   It rains a lot on the west coast. (Dieser Satz beschreibt das Klima dort.)
b) um **regelmäßige Handlungen** auszudrücken, zum Beispiel, wenn
   man seinen Tagesablauf oder seine Arbeit beschreibt (I usually work
   indoors.)
c) im Zusammenhang mit **Zeitplänen**, zum Beispiel, wenn man über
   Reiseinformationen spricht (The next train leaves at 15:20.)
d) um **Vorlieben, Meinungen** usw. auszudrücken (I like skiing holidays.)
e) um eine **Geschichte** oder die **Handlung** eines Films/Romans
   wiederzugeben (In the film, the girl gets a job in the city. There she
   meets ...)

Um regelmäßige Handlungen zu beschreiben, findet man das **present
simple** oft zusammen mit Ausdrücken, die Häufigkeit anzeigen, wie zum
Beispiel:

Louise **sometimes** goes to meetings.
Jürgen **usually** works indoors.
I take these pills **three times a day**.

(→ 5.1)

Bejahter Aussagesatz

I	work ...		he	works ...
you	come ...		she	comes ...
we	watch ...		it	watches ...
they	go ...			goes ...

Rechtschreibung

a) Nach **he, she, it** wird ein **-s** ans Verb angehängt bzw. ein **-es**, wenn das Verb auf **s, sh, ch** und **o** endet, zum Beispiel watch**es**, go**es**.

b) Bei Verben, die mit einem Konsonanten + **-y** enden (zum Beispiel mar**ry**), wird das **-y** durch ein **-i** ersetzt, zum Beispiel: marr**ies**. Beachten Sie aber: pla**ys** (Vokal + **-y**).

Aussprache

a) Die Endung **-s** bei Verben, die auf einen der Buchstaben **p, k, t** oder **f** enden, wird wie „ss" in Wa**ss**er /s/ ausgesprochen.
Ansonsten wird das **-s** wie „s" in See /z/ ausgesprochen.

b) Bei Verben, die auf den Laut /s/ (zum Beispiel dan**ce**) enden, wird das **-es** wie eine zusätzliche Silbe /ɪz/ ausgesprochen. Dies gilt auch für Verben, die auf **-sh** oder **-ch** enden.

Vergleichen Sie die Rechtschreib- und Ausspracheregeln für die **past simple**-Form (➜ 2.2.1) und die **Mehrzahlformen** (➜ 3.2.1).

Verneinter Aussagesatz

I you we they	do not don't	work … come … watch … go …

he she it	does not doesn't	work … come … watch … go …

Das Verb (3. Spalte) bleibt hier immer gleich. Die Verb-Endung **-s** bzw. **-es** nach **he, she, it** wird statt an das Verb an das Wörtchen **do** angehängt: **does**.

▲ Achtung Aussprache: **do** /duː/ und **does** /dʌz/

Fragesatz

Do	I you we they	work …? come …? watch …? go …?

Does	he she it	work …? come …? watch …? go …?

Das Verb (3. Spalte) bleibt auch hier immer gleich. Es gibt nur den Wechsel zwischen **do** und **does**.

Bejahte Kurzantworten

Yes,	I you we they	do.
	he she it	do**es**.

Verneinte Kurzantworten

No,	I you we they	don't.
	he she it	do**esn't**.

2.1.2 Present continuous

What **are** we **doing** tomorrow?
– At 5:30, we**'re meeting** the office team.
I**'m learning** English because I want to talk to my
cousins in Australia.
More and more people **are using** their mobile   *Unit 2, A2b*
phones to access the Internet.

Das **present continuous** wird folgendermaßen gebraucht:

a) um über **Verabredungen in der Zukunft** zu sprechen.

We**'re meeting** the office team at 5:30 tomorrow.

In diesem Beispiel bedeutet der Satz etwa: „Wir haben mit dem Team für
morgen um 17.30 ein Treffen abgemacht." bzw. „Wir treffen das Team
morgen um 17.30."

b) um zu beschreiben, was **momentan oder aktuell vorgeht**.

What**'s** she doing? – She**'s sleeping**.

Diesen Satz könnte man durch „Sie ist am Schlafen" bzw. „Sie schläft
gerade" übersetzen.

Vergleichen Sie:

What are you doing?   Was machen Sie im Moment?
Dies ist eine Frage, die man zum Beispiel am Telefon stellt.

What do you do?   Was machen Sie beruflich?
Das **present simple** bezieht sich nicht auf den Augenblick, sondern auf
den Alltag oder das Allgemeine. Die Frage bedeutet also eher: Was
machen Sie jeden Tag? bzw. Wie verbringen Sie Ihre Tage? Was machen
Sie beruflich?

c) um über Trends zu sprechen.

   A lot of older people **are joining** online communities.

Dieser Satz beschreibt, was sich zur Zeit im größeren Umfang ändert. Es
geht hier um einen aktuellen Trend, der sich möglicherweise jedoch nicht
fortsetzen wird. Vergleichen Sie:
   Children go to school. (Dies ist allgemein gültig, und wir erwarten auch
   nicht, dass sich das ändern wird.)
   The earth is getting warmer. (Das stimmt im Moment, könnte sich aber
   in der Zukunft ändern.)

Form
Das **present continuous** besteht aus dem Verb **be** (➔ 2.4) und dem
Hauptverb + **-ing**. Fragen und verneinte Sätze sind also einfach zu bilden.

Aussagesatz

I	'm/am	visiting friends in Italy
he/she/it	's/is	visiting friends in Italy
we/you/they	're/are	visiting friends in Italy

Fragesatz

am	I		visiting?
is	he/she/it		visiting?
are	you/we/they		visiting?

Verneinter Aussagesatz

I	'm not / am not visiting
he/she/it	isn't / 's not / is not visiting
you/we/they	aren't / 're not / are not visiting

Bejahte Kurzantworten

Yes,	I am.
	you are.
	she is.
	etc.

Verneinte Kurzantworten

No,	I'm not.
	you aren't.
	she isn't.
	etc.

Rechtschreibung

a) Das Schluss -**e** wird beim Anhängen von -**ing** weggelassen:
   come com**ing**   have hav**ing**   take tak**ing**

b) Beachten Sie auch Verben wie **stop** (ein Vokal und ein Konsonant am
   Schluss):
   sto**p** sto**pp**ing   swi**m** swi**mm**ing

Vergleichen Sie Verben wie **sleep** (zwei Vokale und ein Konsonant am
Schluss):
   sleep sleeping   look looking

2.1.3 Present simple vs. present continuous

Amanda **comes** into the room where the patient
is lying on the bed.   *Unit 2, D1c*
They **think** they're alone but Stuart **is listening**   *Unit 2, D1c*
behind the curtain.

Betrachten Sie das erste Beispiel, in dem beide Zeiten auftreten: Hier lag
der Patient bereits auf dem Bett, bevor die andere Person das Zimmer
betritt, und er liegt vermutlich auch noch dort, wenn sie das Zimmer ver-
lässt. „Amanda comes into the room" ist der Dreh- und Angelpunkt der
Handlung; die andere Hälfte des Satzes bildet den Hintergrund (→ 2.2.3).

I usually work in London but I'm working in Finland at the moment for
three months.
Der Arbeitspatz in London ist fest und dauerhaft, der Job in Finnland
dagegen ist befristet.

Beachten Sie, dass manche Verben fast nur im **present simple** benutzt
werden. Die häufigsten sind:
like, love, hate
I'm working in Finland at the moment and I **love** it.
know, understand, remember
think, agree, disagree
I'm working here in Finland at the moment and I **think** it's great.
seem
want, need

2.2 Past tenses *Vergangenheitsformen*
2.2.1 Past simple

When **did** you **go** to Australia? – I **went** there in 2006.
Ten years ago my brother **travelled** round South-East Asia.
I **was** in the garden when I **heard** someone.   *Unit 5, A2a*
If I **won** a million euros, I'd buy a car.   *Unit 7, B1a*

Das **past simple** wird folgendermaßen gebraucht:
a) um über abgeschlossene Handlungen in der Vergangenheit zu
   sprechen. Typischerweise begegnet man dem **past simple** mit Zeitangaben, zum Beispiel:

   What did you do **last weekend**?
   Ten years ago, a lot of women didn't tell their partners about
   their shopping.
   I visited Germany **in 1998**.
   Did you play football **yesterday**?

b) in Sätzen mit **if** (→1.6.2). Vorstellungen und Wünsche, die wahrscheinlich nicht eintreten werden, werden zum Ausdruck gebracht,
   zum Beispiel:

   If I **won** a million euros ...   Wenn ich eine Million Euro
                                             gewinnen würde ...
   If she **loved** me ...   Wenn sie mich lieben würde ...

Regular verbs *Regelmäßige Verben*

Bejahter Aussagesatz

I	worked ...
you	played ...
he	wanted ...
she	danced ...

it	stopped ...
we	studied ...
they	lived ...

Für alle Personen (**I, you** usw.) wird ein **-ed** bzw. ein **-d** an das Verb ge-
hängt, um das **past simple** zu bilden. Diese Regel gilt aber nur für die
regelmäßigen Verben. Siehe **irregular verbs** unten für die unregelmäßigen Verben und 2.5.1 für das **past simple** von **have**.

Aussprache
Die Endung **-ed** wird auf drei verschiedene Arten ausgesprochen, und
zwar je nach dem vorangehenden Laut:
a) als /t/ nach **f, k, s, ce, ch, sh** oder **x** (zum Beispiel worked, danced)
b) als /ɪd/ nach **d** oder **t** (zum Beispiel wanted, started)
c) als /d/ in allen anderen Fällen (zum Beispiel played, lived)

Rechtschreibung

a) Wenn das Verb mit einem Konsonanten + -y endet (zum Beispiel marry), wird das -y durch ein -i ersetzt, zum Beispiel: married (→ 2.1.1 und 3.2.1).

b) Wenn das Verb mit einem einzelnen Konsonanten endet (zum Beispiel p), dem ein einzelner Vokal (zum Beispiel o) vorausgeht, wird der letzte Konsonant (hier also das p) verdoppelt: stop – stopped. Aber beachten Sie: start – started (zwei Konsonanten!), look – looked (zwei Vokale! → 2.1.2).

c) Wenn das Verb schon auf -e endet, wird nur noch -d angehängt (zum Beispiel: live – lived).

Verneinter Aussagesatz

I you he etc.	didn't / did not	work ... play ... finish ... etc.

In allen Personen wird für die Verneinung **did + not + Infinitiv / Grundform** verwendet:

worked → did not work~~ed~~

Hier gibt es keinen Unterschied zwischen den regelmäßigen und den unregelmäßigen Verben.

Fragesatz

Did	I you he etc.	work ...? play ...? finish ...? etc.

In allen Personen wird für die Frage **did + Grundform** verwendet:

she **worked → did** she **work~~ed~~?**

Die unregelmäßigen Verben funktionieren hier genau wie die regelmäßigen.

Bejahte Kurzantworten

Yes,	I you he etc.	did.

Verneinte Kurzantworten

No,	I you he etc.	didn't.

Irregular verbs *Unregelmäßige Verben*

Bejahter Aussagesatz

Sie müssen leider die unregelmäßigen Verben im **past simple** auswendig lernen. Manchmal werden Sie beobachten, dass es gewisse Ähnlichkeiten zwischen Deutsch und Englisch gibt, zum Beispiel bei **come – came** (kommen – kam). Beachten Sie aber, dass es im Englischen auch bei den unregelmäßigen Verben immer nur *eine* Form für *alle* Personen gibt. Sie finden am Ende dieses Companions eine Liste der unregelmäßigen Verben, die bisher in **NEXT** vorgekommen sind.

Verneinter Aussagesatz und Fragesatz

Die Verneinung und der Fragesatz werden genau wie bei den regelmäßigen Verben gebildet.

She **came** ...	She didn't **come** ...	(When) did she **come?**
They **went** ...	They didn't **go** ...	(When) did they **go?**
He **drank** ...	He didn't **drink** ...	(What) did he **drink?**

Kurzantworten

Die Kurzantworten werden wie bei den regelmäßigen Verben gebildet.

2.2.2 Past continuous

I **was** just **reading** the paper when I heard someone.   *Unit 5, A2a*
I **was making** some coffee when I heard the shouting again.
She had a car accident while she **was texting** her daughter.
What **were** you **doing** last night when I tried to call you?

Das **past continuous** wird folgendermaßen gebraucht:

a) um eine Handlung zu beschreiben, die von einer anderen Handlung unterbrochen wird.

I was running to the bus stop when I hit my foot. (Das Laufen wird vom Unfall unterbrochen.)
She was reading a book when suddenly she stood up. (Das Lesen wird durch das Aufstehen unterbrochen.)

b) um beim Erzählen einer Geschichte den Hintergrund zu beschreiben.

It was a beautiful day. The sun was shining. I was walking in the park. Then I saw my friend.

Die ersten drei Sätze geben Ihnen ein Bild von der Situation, und der vierte Satz drückt aus, was dann passierte.

▲ Beachten Sie: Im Deutschen kennen wir diese Zeitform nicht.

Oft begegnet man dem **past continuous** im Zusammenhang mit **while**, das eine Zeitspanne ausdrückt:
    While I was eating my dinner the phone rang.

Häufig aber auch in der folgenden Kombination:
    I was eating my dinner **when** the phone **rang**.

Form
Das **past continuous** besteht aus dem Verb **be** in der Vergangenheitsform (→ 2.4.1) und dem Hauptverb + **ing**.

I was eating my dinner.	I wasn't sleeping.
Were you eating your dinner?	Yes, I was. / No, I wasn't.

Aussagesätze, Fragesätze und Verneinungen werden analog zum **present continuous** gebildet (→ 2.1.2).

Zur Rechtschreibung bei der Bildung der **ing**-Form siehe das **present continuous** (→ 2.1.2).

2.2.3 Past simple vs. past continuous

I **was** just **reading** the paper when I **heard** someone.   *Unit 5, A2a*
She **had** a car accident while she **was texting** her daughter.

Sowohl das **past simple** als auch das **past continuous** werden häufig beim Erzählen von Geschichten eingesetzt. Das **past continuous** setzt die Geschichte in Szene und beschreibt den Hintergrund, das **past simple** beschreibt die Handlung. Hier zum Beispiel die Geschichte aus Unit 5:
    The man **was trying** to move a heavy box when it **fell** on his foot. His neighbour **was sitting** in the garden. The sun **was shining**. The birds **were singing**. Then she **heard** someone who **was shouting** "Help!".

Vergleichen Sie die folgenden Situationen:

When I went into the room they sang "Happy Birthday".

When I went into the room they were singing "Happy Birthday".

Vergleichen Sie den Unterschied zwischen **present simple** und **present continuous** (→ 2.1.3).

Vergleichen Sie auch den Unterschied zwischen **past simple** und **present perfect** (→ 2.3.2).

2.2.4 Used to

My parents **used to** listen to the radio.	*Unit 8, A1a*
My grandparents **didn't use to** have a washing machine.	*Unit 8, A1a*
What else **did/didn't they use to** do or have?	*Unit 8, A1a*

Used to wird entweder gebraucht, um eine ehemalige Gewohnheit zu beschreiben, zum Beispiel:
I used to smoke twenty cigarettes a day.
Jim used to go jogging before breakfast every morning.

Oder aber es wird benutzt, um zu beschreiben, wie sich die Dinge in der Vergangenheit verhielten, in welchem Zustand sie sich befanden:
My mother used to live in Bochum.
Television programmes used to stop at about 11 o'clock in the evening.

In beiden Fällen ist uns klar, dass sich etwas geändert hat und sich die Situation heute anders darstellt. Wir setzen **used to** ein, um die Vergangenheit mit der Gegenwart zu vergleichen und Unterschiede zu betonen. Wenn wir sagen „Karen used to smoke 20 cigarettes a day", dann beinhaltet das auch, dass dies heute nicht mehr stimmt (und Karen wahrscheinlich viel weniger raucht oder Nichtraucherin ist).

Aussagesatz
Nach **used to** steht die Grundform des Verbs.

I he/she/it we/you/they	used to	smoke ... work ... live ... etc.

Fragesatz

Did	I he/she/it we/you/they	use to	smoke ...? work ...? live ...? etc.

Verneinter Aussagesatz

I he/she/it we/you/they	didn't use to	smoke ... work ... live ... etc.

Bejahte Kurzantworten

Yes,	I he/she/it we/you/they	did.

Verneinte Kurzantworten

No,	I he/she/it we/you/they	didn't.

2.3 Present perfect
2.3.1 Present perfect

Have you ever **been** to Kenya?	
How long **has** he **worked** for the company?	
I**'ve lived** here since 2003.	*Unit 4, B4b*
I**'ve lived** here for six months.	*Unit 4, B4b*
I**'ve** never **met** him.	*Unit 6, D2b*
We**'ve known** each other for twenty years.	*Unit 6, D4c*
We**'ve learnt** lots of new things: so now we can do our job better.	*Unit 10, D3b*

Das **present perfect** wird folgendermaßen gebraucht:

a) um etwas zu beschreiben, das irgendwann in der Vergangenheit statt-gefunden hat, von dem man aber den Zeitpunkt entweder nicht kennt oder nicht wichtig nimmt.

Typischerweise wird das **present perfect** in diesem Sinn mit Zeitangaben wie **ever** und **never** gebraucht.
I**'ve never been** to New Zealand. (= I've never visited New Zealand.)
Have you **ever seen** the movie *Star Wars*?
He**'s never learnt** to drive.

b) um eine Handlung zu beschreiben, die in der Vergangenheit begon-nen hat und noch andauert.

Eine typische Frage in diesem Sinne wird mit **How long?** gebildet:
How long have you **worked** for this company? – Six months. And I like it.
How long have you **lived** here? – Five years. It's nice here.

Hier steht das **present perfect** häufig mit den Präpositionen **since** und **for** (→ 5.4.2). Beachten Sie den Unterschied:

For beschreibt eine Zeitspanne:
for ten years, for five minutes, for a long time, for most of my life

Since beschreibt einen Zeitpunkt, der den Anfang einer Zeitspanne darstellt:
since 2003, since last Wednesday, since my birthday, since the end of last year

Beachten Sie, dass Sie **since** auch folgendermaßen benutzen können:
since I met him, since the Berlin Wall came down, since I started learning English ... (→ 5.4.3)

> ▲ Vergleichen Sie das Englische mit dem Deutschen:
> **I've known** him for three years.   Ich **kenne** ihn seit drei Jahren.

c) um über das Ergebnis von etwas zu sprechen:
We**'ve learnt** more English so that we can have longer conversations now.

Das eigentliche Lernen hat schon vor einiger Zeit begonnen, wir sprechen aber jetzt über das, was wir zur Zeit können. Wenn wir sagen „we have learnt", dann meinen wir, dass wir nun etwas „besitzen" oder etwas „haben". Betrachten Sie diese Beispiele:
She's finished her work. (Die Ergebnisse sind sichtbar.)
He's made you a cake. (Sie können ihn nun essen.)

I've made a cake.

Form
Das **present perfect** besteht aus dem Verb **have** (→ 2.5.1) und dem **past participle** des Hauptverbs.

Bei **regelmäßigen Verben** (→ 2.2.1) hat das **past participle** dieselbe Form wie das **past simple**, also Grundform + **ed**.

Bei **unregelmäßigen Verben** (→ 2.2.1) ist die Form des **past participle** oft anders. Eine Tabelle der unregelmäßigen Verben, die bisher in **NEXT** vorgekommen sind, finden Sie am Ende des Companions.

Aussagesatz

I	've/have	waited
he/she/it	's/has	played
you/we/they	've/have	eaten

Fragesatz

Have	I	visited?
Has	he/she/it	played?
Have	you/we/they	eaten?

Verneinter Aussagesatz

I	haven't/have not	visited
he/she/it	hasn't/has not	played
you/we/they	haven't/have not	eaten

Bejahte Kurzantworten

Yes,	I have.
	you have.
	she has.
	etc.

Verneinte Kurzantworten

No,	I haven't.
	you haven't.
	she hasn't.
	etc.

2.3.2 Present perfect vs. past simple

We **met** twenty years ago, so we**'ve known**   *Unit 6, D2b*
each other for 20 years.
Have you ever **been** to Kenya? – Yes, I **went** there last year.
Our course **started** a year ago. Now we**'ve learnt** more   *Unit 10, D4c*
English so we can have longer conversations.

Mit dem **present perfect** tun sich deutschsprachige Lerner in der Regel schwer. Der Grund dafür ist, dass das Deutsche eine Zeit hat, die fast genauso wie das **present perfect** aussieht, aber anders benutzt wird. Vergleichen Sie:
Ich **habe** gestern Abend Pizza **gegessen**. I **ate** pizza yesterday evening.

Der einfachste Art und Weise, mit diesem Problem umzugehen, ist, sich die Zeitangaben zu merken, die typischerweise mit dem **present perfect** oder dem **past simple** auftreten:

Past simple
- Zeitangaben der Vergangenheit: **yesterday, ago** (six years ago), **last week/month** etc.
- die Präpositionen **in** (in 1995), **at** (at 3 o'clock), **on** (on Monday)
- Ausdrücke mit den Wörtern **when, before, after** etc. (I went to school when I was five. When did you go? etc.)

Present perfect
- die Präpositionen **since** und **for** (I've lived here since 2005. She's known me for two years.)
- **ever, never** (Have you ever been to Kenya? I've never eaten kangaroo.)

Beachten Sie: Die Antwort auf eine Frage, die so mit dem **present perfect** gebildet wird, kann nur ja/nein lauten. Vergleichen Sie die Frage mit dem **present perfect** und die Frage mit dem **past simple**:
   Have you ever had any experience as a volunteer? – **Yes.**
   When did you work as a volunteer? – **Last year.**

Im britischen Englisch wird das **present perfect** üblicherweise auch mit **just** (He's just called me.) and **yet** (Have you finished yet?) benutzt. Im amerikanischen Englisch werden Sie in Verbindung mit diesen Wörtern auch das **past simple** hören und lesen.

Das **past simple** (→ 2.2.1) wird für Handlungen und Umstände gebraucht, die abgeschlossen sind. Vergleichen Sie:
   How long did you **work** for that company? – Six months.
   It was in 2005.
   How long have you **worked** for this company? – Six months.
   And I like it.

2.4 Be *sein*
2.4.1 Tenses

She's sixty-two years old.   *Unit 7, B3d*
He **was** born in England.   *Unit 7, B3d*

present simple	past simple	present perfect
Aussagesatz		
I am	I was	I've been
you/we/they are	you/we/they were	you/we/they've been
he/she/it is	he/she/it was	he/she/it has been
Fragesatz		
am I?	was I?	have I been?
are you/we/they?	were you/we/they?	have you/we/they been?
is he/she/it ?	was he/she/it?	has he/she/it been?
Verneinter Aussagesatz		
I'm not	I wasn't	I haven't been
you're not/you aren't	you weren't	you haven't been
we're not/we aren't	we weren't	we haven't been
they're not/they aren't	they weren't	they haven't been
he's not/he isn't	he wasn't	he hasn't been
she's not/she isn't	she wasn't	she hasn't been
it's not/it isn't	it wasn't	it hasn't been

2.4.2 There is / There are

Is there an Internet café near you? – Yes, **there is**.
There was a big picnic for me on my birthday.
There were presents.

There is / there are entspricht etwa den Ausdrücken „es gibt" oder
„es ist / es sind".

There is wird mit einem Nomen in der Einzahl gebraucht:
   There's **a lamp** on the table.
Und auf **there are** folgt ein Nomen in der Mehrzahl:
   There **are two lamps** on the table.

In der gesprochenen Sprache benutzt man jedoch sehr oft nur **there's**, und zwar mit der Mehrzahl wie auch mit der Einzahl des Nomens:
There**'s hundreds** of people in there.

present simple	past simple	present perfect
there is / there's	there was	there has (there's) been
there are / there're	there were	there have (there've) been
is there?	was there?	has there been?
are there?	were there?	have there been?
there isn't	there wasn't	there hasn't been
there aren't	there weren't	there haven't been

2.5 Have *haben*
2.5.1 Tenses

I always **have** tea for breakfast. What **do** you **have** for breakfast?
They **don't have** time to meet us.
Did you **have** a nice time in New Zealand last year?

present simple	past simple	present perfect
I/you/we/they have	I/you/we/they had	I/you/we/they have had
he/she/it has	he/she/it had	he/she/it has had
do I/you/we/ they have?	did I/you/we/ they have?	have I/you/we/ they had?
does he/she/it have?	did he/she/it have?	has he/she/it had?
I/you/we/ they don't have	I/you/we/ they didn't have	I/you/we/ they haven't had
he/she/ it doesn't have	he/she/ it didn't have	he/she/ it hasn't had

Kurzantworten

Do you have?	Yes, I do.
Does she have?	No, she doesn't.
Did they have?	Yes, they did.
Has he had?	No, he hasn't.

2.5.2 Have got

Have you **got** a pet? – Yes, I **have**. I**'ve got** a dog.
Frank **hasn't got** a pet.

Have got / has got hat die gleiche Bedeutung wie **have/has**.
Diese Form wird in Großbritannien häufig, in den USA eher seltener
gebraucht.

Beachten Sie, dass diese Form von **have** nur im **present tense** benutzt
wird.

Aussagesatz		
I/you/we/they	've got (have got)	
he/she/it	's got (has got)	
Fragesatz		
have	I/you/we/they	got?
has	he/she/it	got?
Verneinter Aussagesatz		
I/you/we/they	haven't got	
he/she/it	hasn't got	

2.6 Future forms *Futur*
2.6.1 Present continuous (→ 2.1.2)

What **are we doing** tomorrow?
– At 5:30, **we're meeting** the office team.

Das **present continuous** wird unter anderem gebraucht, um über
Verabredungen in der Zukunft zu sprechen.

We're meeting at 5.30.

2.6.2 Going to

I'm **going to** take some stuff there next week.   *Unit 8, D1e*
He's **going to** do a hotel management course.   *Unit 3, A2b*
It's **going to** rain.

Going to wird folgendermaßen gebraucht:

a) um über Pläne und Absichten zu sprechen, zum Beispiel:

I'**m going to** start reading the news on the Internet in English.
(meine Absicht)
My friend'**s going to** look for a new job because he doesn't like
the job he has now.

b) um über die unmittelbare
   Zukunft zu sprechen:

It'**s going to** rain. (I can see
the black clouds. / I saw the
weather map.)
That young man'**s going to**
have an accident. (I've seen
how he drives!)

I'm going to
have a baby.

Die Form sieht folgendermaßen aus:

Present continuous von **go** (→ 2.1.2)	+ Grundform des Hauptverbs mit **to**
I'**m going** She'**s going** etc.	**to buy** a magazine in English. **to emigrate** to Australia.

Fragesatz: **Are** you **going to watch** TV this evening?
Verneinung: I'**m not going to play** tennis tomorrow.

▲   Im Alltag wird **going to go** vermieden, zum Beispiel:
I'm going to ~~go~~ swimming this afternoon.

Aussprache
Going to wird umgangssprachlich oft wie „gonna" ausgesprochen:
  "It's gonna rain." oder sogar "It gonna rain."
  "What (are) you gonna do?"

2.6.3 Will

In 40 years we **will create** our own television on the Internet.	Unit 7, D2c
I'**ll come** as soon as I can.	Unit 9, D3c
I think it'**ll be** sunny tomorrow.	
If you learn a few new words every week, you'**ll know** a lot by the end of the course.	
You **won't believe** this, but …	Unit 5, A3b

Will ist ein Modalverb (→ 2.7) und wird folgendermaßen gebraucht:

a) um eine Voraussage zu machen oder eine Meinung mit Blick auf die Zukunft zu äußern, zum Beispiel:
Aspen **will** get more rain in the winter in 2040 than now.

Eine Frage über die Zukunft sieht so aus:
What **will** the weather be like tomorrow?
Will Bayern Munich win the match on Saturday?

Oft werden solche Voraussagen mit Ausdrücken wie **I think** eingeleitet:
I think that it'**ll** be sunny tomorrow.

Auch Hoffnungen für die Zukunft werden mit **will** ausgedrückt:
I hope that the weather'**ll** be nice tomorrow.

In der Umgangssprache wird eine Hoffnung auch mit dem **present simple** ausgedrückt, zum Beispiel:
I hope your new job **goes** well.

Manchmal ist die Voraussage mit einer Bedingung, einem **if**-Satz (→ 1.6.1), verbunden:
If my girlfriend calls me tomorrow, I'**ll** be really pleased.
We **won't** arrive before 6 o'clock **if** the traffic is bad.

b) um einen Entschluss oder ein Angebot anzukündigen, was normaler-weise mit I'**ll** beginnt:
I'**ll** turn off the lights next time I leave a room.
I'**ll** come as soon as I can.

Beachten Sie auch folgende Beispiele:
What would you like to drink? – I'**ll have** a glass of wine, please.
I'**ll take** the steak with a green salad.
Who wants to organize the company outing? – I'**ll do** it. Don't worry.
I won't forget.

Will ist ein Modalverb wie **can** (→ 2.7.1). Der Fragesatz und die Verneinung werden so gebildet, wie wir dies bei **can** schon gesehen haben.

Beachten Sie aber:
– die Kurzform im Aussagesatz: I'**ll** (I will), he'**ll** (he will) etc.
– die Kurzform im verneinten Aussagesatz: I **won't** (I will not), he **won't** (he will not) etc.

2.7 Modal verbs *Modalverben*

Im Englischen gibt es verschiedene Arten von Modalverben:

a) Die Gruppe des Modalverbs **can** folgt den in Punkt 2.7.1 dargestellten Regeln. In dieser Gruppe enthalten sind: **can, could, should, would, must, may, might** und **will**.
b) Darüber hinaus gibt es Verben mit ähnlicher Bedeutung wie die in der Gruppe des Modalverbs **can**. Allerdings folgen sie anderen Regeln, u. a. bei der Bildung von Fragesätzen. Diese Verben werden in den jeweiligen Abschnitten unten behandelt: **be allowed to** (→ 2.7.1), **ought to** (→ 2.7.3), **need to** (→ 2.7.3), **have to** (→ 2.7.5).

2.7.1 Can

Can you speak Italian? – No, I **can't** (**cannot**).
You **can** eat it hot or cold.
Can you describe your suitcase?
If you have a problem, you **can** call me on my mobile.
Can I have a cup of coffee, please?
You **can** smoke here.
Can you wear jeans at work?
Can I give her a message?

Can entspricht im Deutschen etwa „können", manchmal auch „dürfen".
Can wird folgendermaßen gebraucht:
a) um über **Fähigkeiten** zu sprechen: I can speak German. I can't cook.
b) um eine **Bitte** oder eine **Anfrage** zu äußern: Can you repeat that, please? Can I have ice, please? Can you tell me the way to the station? Can I speak to Simon, please?
c) um **Hilfe** usw. anzubieten: Can I help you? Can I give her a message?
d) um um **Erlaubnis** zu bitten oder sie zu gewähren: You can smoke here. Can I drive when I take this medicine?

Eine andere Art, Erlaubnis zu geben bzw. nicht zu geben, ist die folgende:
  You **aren't allowed to** smoke inside.
  You**'re allowed to** smoke outside.
Diese Form ist eindeutiger als **can** bzw. **can't**.

Englische Modalverben wie **can** haben folgende Eigenschaften:
a) Sie haben keine Endungen: **I can, you can, he can** usw. (kein –s!).
b) Frageformen und Verneinungen werden durch einfaches Umstellen
   bzw. Ergänzen von **not** gebildet:
     Can you repeat that, please?
     I **can't** understand.
c) Sie werden immer mit einem anderen Verb (Grundform) verwendet,
   das im Aussagesatz direkt nach dem Modalverb steht: außer bei Kurzantworten (Yes, we can!). Vergleichen Sie:
     He can **speak** English. ↔ Er kann Englisch (sprechen).
     Can I **have** a Coke, please? ↔ Eine Cola, bitte.

Die Kurzform der Verneinung ist **can't**. Diese Form wird folgendermaßen
ausgesprochen: /ka:nt/ (UK), /kænt/ (US).

Die volle Form wird als ein Wort geschrieben: **cannot**.
(Bei den anderen Modalverben ist dies nicht der Fall, zum Beispiel:
should not, **must not**).

2.7.2 Could

  Could I have your address, please?
  We **could** give him a ticket for the opera.
  He said he would come as soon as he **could**.   *Unit 9, D3c*

In den Beispielen oben wird **could** gebraucht:
a) wenn Sie um etwas **bitten** möchten: Could I have ... ? **Could** hat hier
   die gleiche Bedeutung wie **can** (Can I have ...?), ist aber manchmal ein
   bisschen höflicher. Vergleichen Sie „Kann ich ...?" und „Könnte ich ...?".
b) um einen **Vorschlag** zu machen bzw. eine **Möglichkeit** auszudrücken:
   We could get him a ticket for the opera.
   Could wäre hier mit „könnte(n)" zu übersetzen.

Could ist ein Modalverb wie **can**: Grammatisch ist es die Vergangenheitsform von **can**. Es kann also sowohl „könnte" als auch „konnte" heißen, je
nach Kontext. Fragesätze und Verneinungen werden wie bei **can** gebildet:

  Could you get him a ticket for the opera?
  We **couldn't** go to Salzburg.

Da **could** die Vergangenheitsform von **can** ist, kann es, wie im dritten
Beispiel oben, in der indirekten Rede benutzt werden (➔ 1.7.2).

2.7.3 Should / ought to / need to

You **ought to** practise.	*Unit 1, C2c*
You **need to** practise.	*Unit 1, C2c*
You **should** practise.	
You **don't need to** be afraid of making mistakes.	*Unit 1, C2c*
You **should** wear good shoes.	*Unit 9, C3b*
You **ought to** wear good shoes.	*Unit 9, C3b*
You **need to** put on sunblock.	*Unit 9, C3b*
You **need** sunblock.	*Unit 9, C3b*

Diese Verben werden benutzt, wenn man einen Ratschlag oder eine Empfehlung geben möchte. Je nach Zusammenhang kann das Verb **need to** auch ausdrücken, dass etwas notwendig ist, so dass die Bedeutung näher an **must** und **have to** heranrückt (→ 2.7.5).

Should

Should ist wie **can** ein Modalverb (→ 2.7.1). Es hat keine Vergangenheitsform.

Ought to

a) **Ought to** wird sehr viel seltener benutzt als **should**.
b) **Ought to** hat wie **can** keine Endungen: I ought to, you ought to, he ought to etc.
c) **Ought to** wird gewöhnlich nicht in einem Fragesatz benutzt. Verwenden Sie stattdessen **should**, zum Beispiel: Should I telephone him?
d) Die verneinte Form von **ought to** ist ähnlich wie die von **can**, zum Beispiel: You ought not to go. Sie wird selten benutzt.

Need to

a) **Need to** wird am häufigsten in der verneinten Form verwendet, zum Beispiel: You don't need to be afraid of making mistakes. Oder aber alternativ: You needn't be afraid of making mistakes.
b) Die Formen von **need to** sind die gleichen wie die bei einem normalen Verb, zum Beispiel: He needs to go. Do they need to come? Als normales Verb kann **need** auch mit einem Objekt benutzt werden, zum Beispiel: You need some sunblock.
c) Die Formen von **need** (ohne to) entsprechen denen von **can**, zum Beispiel: He needn't go. Aber diese Verwendung findet man selten.
d) **Need to** kann im **past simple** verwendet werden: He didn't need to go the doctor because he felt better the next day.

2.7.4 Would

Would you like something to drink?
Which one **would** you prefer?   *Unit 10, C2b*
I**'d** like to go on the course.   *Unit 4, D1c*
My friend **would** rather watch TV than go to the gym.
If I won a million euros, I**'d** buy a big car.   *Unit 7, B1a*
He said he **would** come as soon as he could.   *Unit 9, D3c*

a) Would like

Would in **would like** bzw. **'d like** ist auch ein Modalverb:
I**'d like** a pair of jeans, please.
What colour **would you like**?
Would you like to try them on?

Would like entspricht im Deutschen etwa „möchte" / „hätte gerne".

Would prefer entspricht im Deutschen „hätte lieber".

Vergleichen Sie den Unterschied zwischen **like** und **would like**:

I'd like to go on the course.	Ich würde gerne am Kurs teilnehmen.
I like people and I like to learn new stuff.	Ich mag Menschen und ich lerne gerne neue Dinge.
I like dancing.	Ich tanze gern.
Would you like something to drink?	Möchten Sie etwas trinken?
I'd like a cup of tea, please.	Ich hätte gern eine Tasse Tee, bitte.
I don't like coffee.	Ich mag keinen Kaffee.

b) Would rather

To be honest, I don't like football at all. I**'d rather** play chess.

Would rather entspricht **prefer**, etwa „hätte lieber" oder „würde lieber".

Vergleichen Sie:
Would you **like to watch** TV or **would** you **rather listen** to some music?
(→ 2.10)

c) would in Sätzen mit if

If I won a million euros, I**'d** buy a big car. (→ 1.6.2)

d) would in der indirekten Rede

Grammatisch ist **would** die Vergangenheitsform von **will**. In diesem
Sinne kann es auch in der indirekten Rede verwendet werden
(→ 1.7.2).

2.7.5 Must / have to

You **must** come on time.
You **have to** come on time.
You **mustn't** be late.
You **mustn't** smoke in the pub.
You **don't have to** smoke just because your friends smoke.
She **must** be Janette's mother.   *Unit 6, A1b*

a) Verpflichtung oder Notwendigkeit
  Must und **have to** werden gebraucht, um über **Verpflichtungen** oder
  Notwendigkeiten zu sprechen.

Die folgenden beiden Sätze bedeuten „Sie müssen gehen":
  You must go.
  You have to go.

Vergleichen Sie aber:
  You mustn't go. ↔ You don't have to go.
  Sie dürfen nicht gehen. ↔ Sie müssen nicht gehen.

Um auszudrücken, was notwendig ist, benutzt man auch das Verb **need**,
zum Beispiel:
  I **need** English for my work.
  I **need to learn** English for my work.
  (→ 2.7.3)

b) Schlussfolgerung
  Must wird auch verwendet, um logische Schlüsse zu ziehen. Ein
  Beispiel findet sich in Unit 6, in der Sie sich ein Foto anschauen und
  raten, wer die verschiedenen Leute sind:
    That must be Janette's mother. They both have red hair.
  Das Gegenteil von **must** ist in diesem Fall **can't**, zum Beispiel:
    That can't be Janette's mother. She's too young.

Formen
Must ist ein Modalverb wie **can** (→ 2.7.1). Fragesatz und (Form der)
Verneinung werden gebildet, wie wir dies von **can** her kennen:
  Must I go?
  You **mustn't** drive a car.

Der Fragesatz und die Verneinung von **have to** werden wie für **have** gebildet (→ 2.5.1):
   Do I have to go?

You must come with me but you don't have to say anything.

2.7.6 May/might

   One day he **may** have his own little hotel.   *Unit 3, A2b*
   I **might** take my own bag when I go shopping.

Normalerweise gibt es zwischen **may** und **might** keinen Unterschied, man verwendet beide Formen, wenn man, wie in den Beispielen oben, über eine Möglichkeit in der Zukunft spricht. Sie könnten **might** im ersten Beispiel verwenden und **may** im zweiten, ohne dass sich die Bedeutung ändern würde.

Wenn Sie über die Zukunft reden, beachten Sie den Unterschied zwischen **may/might** und **going to** oder **will**. Wenn Sie **may/might** verwenden, dann signalisieren Sie, dass Ihre Vorhersage weniger sicher ist. (→ 2.6.2, 2.6.3).

May und **might** sind Modalverben wie **can** (→ 2.7.1). Der Fragesatz und die Verneinung werden so gebildet, wie wir dies von **can** her kennen.

2.8 Imperative *Befehlsform*

   Add the cream.
   Don't worry about problems.
   Be on time! **Don't be** late.   *Unit 7, A3d*
   Let's get him a watch.

Die Befehlsform im Englischen
– hat nur eine Form, nämlich die Grundform des Verbs: Eat. Take.
– wird nur mit einem Ausrufezeichen geschrieben, wenn man tatsächlich einen Befehl gibt. Vergleichen Sie:
   Stop! (Befehl)
   Take two pills three times a day. (Anweisung)
   Eat fruit. (Vor- oder Ratschlag)

Vergessen Sie nicht, dass **be** die Grundform des Verbs „sein" ist (I am, you are etc.):
Be careful!
Be quiet!

Die **verneinte Form** wird mit **don't** (**do not**) gebildet:
Don't eat fast food.
Don't be stupid!

Let's entspricht der „wir"-Form im Deutschen:
Let's (**Let us**) go for a drink.   Gehen wir etwas trinken!

2.9 Passive *Passiv*
2.9.1 Passive with "be"

Trees **were cut down** ten years ago.   *Unit 8, A2b*
One billion greetings cards **are sent** each year.

Das Passiv wird im Englischen wie auch im Deutschen gebraucht, um den Mittelpunkt im Satz zu ändern. Oft wird es verwendet, wenn man nicht weiß oder es nicht wichtig ist, wer etwas gemacht hat, zum Beispiel:
This chocolate **is made** in Switzerland. (Von wem ist hier nicht wichtig.)
These trees **were cut down** ten years ago. (Vielleicht wissen wir nicht mehr, von wem genau.)

Form
Das Passiv wird mit dem Hilfsverb be (→ 2.4.1) und dem **past participle** gebildet.

Bei **regelmäßigen Verben** hat das **past participle** dieselbe Form wie das **past simple**, das heißt Verb + **ed** (→ 2.2.1).
Bei **unregelmäßigen Verben** ist die Form des **past participle** oft anders. Eine Tabelle der unregelmäßigen Verben, die bis jetzt in **NEXT** vorkommen, finden Sie am Ende des Companion.

Beachten Sie, dass das **past participle** auch bei der Bildung des **present perfect** (→ 2.3.1) gebraucht wird.

Passivsätze können in alle Zeitformen gesetzt werden.
Lots of cards **are sent** each year.
The trees **were cut down** 15 years ago.
New trees **have been planted**.
The job **will be advertised** next week.

Fragen und Verneinungen sind einfach zu bilden:

The cards are sent.   The trees were cut down.
Are the cards sent?   Were the trees cut down?
The cards aren't sent.   The trees weren't cut down.

Kurzantworten werden zum Beispiel so gebildet:
Is it made in Wales?   Yes, **it is.** / No, **it isn't.**

2.9.2 Passive with "get"

I'll **get** that **organized.**   *Unit 10, B3c*
Teija **got sunburnt** yesterday.   *Unit 9, C2a*

Das Englische hat eine weitere Form des Passivs, die als Hilfsverb **get** anstelle von **be** einsetzt. Diese wird folgendermaßen verwendet:

a) Die Bedeutung im ersten Beispiel oben ist: etwas für jemanden organisieren. Hier zwei weitere Beispiele:
I'll get the party organized. (Ich kümmere mich darum, dass die Party organisiert wird.)
He's gone to get his hair cut. (Er ist zum Friseur gegangen, um sich die Haare schneiden zu lassen.)
Die Sätze werden nach folgendem Muster gebildet: **get** + Objekt + **past participle**.

Diese Bedeutung des Verbs **get** treffen wir sowohl in Aktiv- als auch in Passivsätzen an, zum Beispiel:
They can **get** the people **to sing.**   *Unit 10, B3c*
In Unit 10 geht es um eine griechische Grillparty, und die griechischen Köche sind bekannt dafür, dass sie die Gäste zum Singen bringen.

b) Im zweiten Beispiel wird **get** anstelle von **be** deshalb verwendet, weil Teija natürlich nicht von der Sonne verbrannt werden wollte. Das Passiv mit **get** wird oft in der Umgangssprache benutzt, wenn man die Dynamik eines Ereignisses ausdrücken möchte oder aber etwas beschreibt, was ein wenig unangenehm und problematisch erscheint.
My neighbour **got sacked** from his company yesterday because he refused to work on Sunday.
Jim **got bitten** by a snake when he was in Borneo.

2.10 Infinitive and "-ing" form *Infinitiv und -ing-Form*

Can you **speak** Italien?
You mustn't **smoke** here.
I'm interested in **tap dancing**.   *Unit 1, A1c*
I like/enjoy **riding** my bike.   *Unit 1, A1c*
I'm (not very) good at **playing** the piano.   *Unit 1, A1c*
I think (that) **drinking** tea for breakfast is strange.   *Unit 7, A3b*
I think (that) **shaking** hands is nice.   *Unit 7, A3b*
I don't think (that) **driving** on the left is strange.   *Unit 7, A3b*
Would you mind **switching** the air conditioning off?   *Unit 3, D1b*
I'd like **to go** on the course. I like **to learn** new stuff.   *Unit 4, D1c*
They can get the people **to sing**.   *Unit 10, B3c*

Englisch hat drei wichtige Grundformen des Verbs:
– **infinitive** ohne **to**: I can **speak** English.
– **infinitive** mit **to**: I'd like **to speak** English better.
– **-ing form**: I enjoy **learning** English.

Infinitive
Im Englischen gibt es wie im Deutschen zwei Formen des Infinitivs:
   go ↔ gehen
   to go ↔ zu gehen

Und wie im Deutschen benutzt man diese Formen nach bestimmten
Verben oder Adjektiven:
   I can **come**.   Ich kann **kommen.**
   Nice **to meet** you!   Nett, Sie **kennenzulernen.**

Achten Sie aber auf Fälle, die anders sind als im Deutschen, zum Beispiel:
   What would you like **to drink**?   Was möchten Sie **trinken?**
   I want **to write** emails.   Ich will E-Mails **schreiben.**

-ing form
Bis jetzt sind wir in **NEXT** der **-ing-Form** in den folgenden Zusammen-
hängen begegnet:

a) Wenn man ein Verb in ein Nomen verwandeln möchte (sehr häufige
   Verwendung!), zum Beispiel:

   Football and **climbing** are outdoor sports.
   Driving on the left is strange.
   Do you enjoy **walking**?
   oder
   I like coffee.
   I like **drinking** coffee.

Beachten Sie, dass Sie nach bestimmten Verben immer die **–ing-Form** verwenden müssen, zum Beispiel:
  I **enjoy riding** my bike.
  Would you **mind switching** off the air conditioning?

Nach anderen Verben müssen Sie eine Form des Infinitivs verwenden, zum Beispiel:
  You **need to wear** good shoes.
  My boss **promised to give** me a better job.
  They **asked** the people **to sing**.
  Jim **can speak** Polish.

Und nach einigen Verben sind beide Formen möglich, zum Beispiel:
  I **like riding** my bike. / I **like to ride** my bike.
  I **hate getting up** in the morning. / I **hate to get up** in the morning.
  She **started learning** English when she was in school. / She s**tarted to learn** English when she was in school.

▲ Wenn Sie neue Verben lernen, dann lernen Sie die Satzmuster gleich mit.

b) Nach einer **preposition**, zum Beispiel:

I'm interested in Chinese art. I'm interested in **learning** Chinese.

Weitere Beispiele:
I'm good at **cooking**.
I look forward to **seeing** you.
I'm keen on **fishing**.
I often dream of **flying**.
I'm hopeless at **skiing**.

c) Nach bestimmten Ausdrücken, zum Beispiel mit **go: go shopping, go walking, go swimming** usw.

You can go cross-country **skiing** and **snowshoeing**.

Hinweise zur Schreibweise der **-ing-Form** finden Sie unter 2.1.2.

▲ Do you like eating?   Eine Frage über Vorlieben.
  Would you like to eat?   Eine Einladung oder ein Vorschlag.

3 Nouns, determiners and pronouns
Nomen, Begleiter und Pronomen

3.1 Nouns *Nomen*

Die Wortart **noun** hat im Deutschen verschiedene Bezeichnungen. Man spricht von „Nomen", „Substantiv" oder „Hauptwort".
Die großen Unterschiede zwischen Nomen im Deutschen und **nouns** im Englischen sind:
a) Im Deutschen werden Nomen immer großgeschrieben. Im Englischen dagegen werden nur Namen von Personen (Susan), Ländern (Germany), Sprachen (German), Städten (London) usw. großgeschrieben. Ansonsten werden **nouns** immer kleingeschrieben: **book, table, house, love, money** usw.
b) Deutsche Nomen sind entweder männlich, weiblich oder sächlich. Englische **nouns** dagegen haben (außer bei Personen) dieses Merkmal nicht.

3.2 Singular and plural *Einzahl und Mehrzahl*
3.2.1 Regular plurals *Regelmäßige Mehrzahlformen*

trip	trips
family	families
wife	wives

Man bildet die Mehrzahl im Englischen durch das Anhängen eines -s an die Einzahlform:

one book   two book**s**

Aussprache
Das Mehrzahl-**s** wird, je nach Endlaut des **nouns**, unterschiedlich ausgesprochen. Endet das **noun**
a) mit einem stimmlosen Laut, wie zum Beispiel **book**, dann wird das Mehrzahl-**s** als /s/ ausgesprochen;
b) mit einem stimmhaften Laut, wie zum Beispiel **car** oder **day**, dann wird das Mehrzahl-**s** eher als /z/ ausgesprochen;
c) mit dem Laut /s/, wie zum Beispiel **office**, dann wird das Mehrzahl-**s** /ɪz/ ausgesprochen: /ˈɒfɪsɪz/;
d) mit -**s**, -**sh**, -**x** oder -**ch**, wie zum Beispiel **bus, wish, box** oder **sandwich**, dann wird -**es** angehängt und die Aussprache ist ebenfalls /ɪz/.

Rechtschreibung

a) Bei **nouns**, die auf Konsonant + **-y** enden, wird das **-y** durch ein **-i** ersetzt:

one country	three countr**ies**
one family	two famil**ies**
aber: one boy	two boys (Vokal + -y!)

b) Wörter mit dem Endlaut /f/ verändern in der Mehrzahl die Schreibweise oft zu **-ves**:

one wife	two wi**ves**
one knife	two kni**ves**

Vergleichen Sie die Aussprache und Rechtschreibregeln (→ 2.1.1 und 2.2.1).

3.2.2 Irregular plurals *Unregelmäßige Mehrzahlformen*

Es gibt nur wenige unregelmäßige Mehrzahlformen im Englischen. Die häufigsten sind:

one child	two **children** (Aussprache: /'tʃɪldrən/)
one fish	two **fish**
one foot	two **feet**
one man	two **men**
one mouse	two **mice**
one person	two **people**
one sheep	two **sheep**
one tooth	two **teeth**
one woman	two **women** (Aussprache: /'wɪmɪn/)

Dazu kommen Wörter, die keine Mehrzahl oder keine Einzahl haben, zum Beispiel:

ohne Mehrzahl: **money, food, peace**
ohne Einzahl: **clothes, jeans, trousers, scissors, glasses** (Brille)

3.3 The indefinite article: a/an *Der unbestimmte Artikel*

Is there **a** pub near here?
Is there **an** Internet café?
Are you **a** teacher?
I'm **an** aroma therapist.

Der unbestimmte Artikel heißt im Englischen **a** oder **an** und entspricht dem deutschen „ein/eine" usw.

Es gibt auf Englisch zwei Formen: **a** und **an**.

– **a** verwendet man, wenn das nächste Wort mit einem Konsonanten beginnt, zum Beispiel **b, f, s, t**:
 a **c**ar
 a **b**ig car

– **an** verwendet man, wenn das folgende Wort mit einem Vokal (**a, e, i, o, u**) beginnt:
 an **a**pprentice
 an **o**range juice
 an **i**nteresting book

Es gibt einige wenige Ausnahmen:
a) **a** statt **an**
 a European city (weil das Wort „European" mit einem /j/-Laut beginnt)
 a uniform (auch dieses Wort beginnt mit einem /j/-Laut)

b) **an** statt **a**
 an hour: Es gibt wenige Wörter, die mit einem „h" beginnen, das aber nicht ausgeprochen wird. In diesen Fällen wird **an** verwendet. Ein weiteres Beispiel: **an** honest man.

▲ Margaret is **a** teacher. ↔ Margaret ist Lehrerin.
 Sarah is **an** engineer. ↔ Sarah ist Ingenieurin/Technikerin.

▲ We open seven days **a** week. ↔ 7 Tage in der Woche
 Take two pills three times **a** day. ↔ 3-mal pro Tag
 60 kilometers **an** hour ↔ 60 km/h   (→ 5.2)

3.4 The definite article: the *Der bestimmte Artikel*

When does **the** train to Oxford leave?
What did you do on **the** 4th of July?
Jean is **the** person who looks after **the** money.

Der bestimmte Artikel (**definite article**) heißt im Englischen **the**.
Er wird generell wie „der/die/das" usw. im Deutschen verwendet.

Aussprache
Das Wort **the** wird auf zwei verschiedene Weisen ausgesprochen:
– als /ðə/ vor Wörtern, denen der unbestimmte Artikel **a** vorangestellt werden kann (→ 3.3), zum Beispiel:
 the car   /ðə kɑː/

the German book   /ðə dʒɜːmən bʊk/
– als /ðiː/ vor Wörtern, denen der unbestimmte Artikel **an** vorangestellt
werden kann (→ 3.3), zum Beispiel:
the office   /ðiː ɒfɪs/
the Italian student   /ðiː ɪtæljən ˈstjuːdənt/

Die Ausnahmen sind die gleichen wie in 3.3:
– the European Cup   /ðə ˌjʊərəpiːən ˈkʌp/
– the United States   /ðə juːˌnaɪtɪd ˈsteɪts/
– the hour   /ðiː ˈaʊə/

▲ **Ländernamen**
Es gibt ein paar Länder, zu deren Namen der bestimmte Artikel
gehört:
the United Kingdom, **the** United States, **the** Czech Republic,
the Ukraine

Beachten Sie die folgenden Unterschiede zum Deutschen:
Switzerland   die Schweiz   Turkey   die Türkei

3.5 Personal pronouns *Personalpronomen*

Where are **you** from? – **I**'m from Korea.
There was a big picnic for **me**.
Can **I** give **her** a message?

Subject personal pronoun		Object personal pronoun	
I	ich	me	mich/mir
you	du/ihr/Sie	you	dich/dir/euch/Sie/Ihnen
he	er	him	ihn/ihm
she	sie *(Einzahl)*	her	sie/ihr *(Einzahl)*
it	es	it	es/ihm
we	wir	us	uns
they	sie *(Mehrzahl)*	them	sie/ihnen *(Mehrzahl)*

Subject personal pronouns geben Antwort auf die Frage „wer?".

a) Im Englischen macht man keinen Unterschied zwischen „du", „ihr"
   oder „Sie": **you** deckt Einzahl und Mehrzahl sowie alle Höflichkeits-
   formen ab.
b) **He** und **she** benutzt man nur für Personen. Für eine Sache oder ein
   Tier steht **it**. **They** dagegen steht sowohl für Personen als auch für
   Dinge und Tiere.

Object personal pronouns geben Antwort auf die Fragen „wen?" oder „wem?". Beachten Sie in der Tabelle oben, dass **me** sowohl „mich" als auch „mir" heißt.

Ein **object personal pronoun** kann folgendermaßen verwendet werden:
- nach einem Verb: She loves **him**.
- nach einer Präposition: There was a party for **me**.

Ein **object personal pronoun** kann auch als indirektes Objekt verwendet werden.

I gave **her** a job.
Ich habe **ihr** einen Job gegeben.

They will probably bring **me** a bottle of wine.
Sie werden **mir** wahrscheinlich eine Flasche Wein schenken.

3.6 Possessives *Besitzanzeigende Fürwörter*
3.6.1 Possessive determiners

What's **your** name?
I speak German with **my** colleagues.

Subject personal pronoun		Possessive determiners	
I	ich	my	mein
you	du/ihr/Sie	your	dein/euer/Ihr
he	er	his	sein
she	sie *(Einzahl)*	her	ihr
it	es	its	sein
we	wir	our	unser
they	sie *(Mehrzahl)*	their	ihr

Die englischen **possessive determiners** haben im Gegensatz zum Deutschen keine Endungen:

My father lives in Hamburg. (**mein** Vater)
My mother lives in Berlin. (**meine** Mutter)
I see **my** father in the holidays. (**meinen** Vater)

▲ Beachten Sie den Unterschied:
It's a beautiful day. (= It is)
This is my favourite book. **Its** name is "The Alchemist". (possessive)

3.6.2 Possessive pronouns

Whose is this? Is it **yours?** – No, it's **mine.**
She's a good friend of **mine.** *Unit 6, A1e*
I'm a good friend of **hers.** *Unit 6, A1e*

Possessive determiners	Possessive pronouns
my (cat)	(It's) mine.
your (dog)	(It's) yours.
his (book)	(It's) his.
her (car)	(It's) hers.
our (house)	(It's) ours.
their (garden)	(It's) theirs.

Vorsicht beim Übersetzen. Die englischen Possessivpronomen werden oft nicht direkt übersetzt. Vergleichen Sie:

Whose is this cat?   It's **mine.**
Wem gehört diese Katze?   Sie gehört mir.

Is this **yours?**   No, it's **hers.**
Gehört Ihnen das?   Nein, es gehört ihr.

Beachten Sie auch diese typische englische Redeweise:
a friend **of mine**   einer meiner Freunde
Dies wird häufiger benutzt als:
one of my friends

3.7 Possessive " 's "

Whose favourite teacher was a primary school teacher?
– Debbie**'s** (favourite teacher).
Is there a baker**'s** near here?

Das **'s** zeigt den Besitz an. Man sagt: **Jeremy is Linda's husband.**
(Nicht: ~~Jeremy is the husband of Linda.~~). Im Unterschied zum Deutschen muss ein Apostroph gesetzt werden.

Für traditionelle Läden verwendet man ebenfalls das **'s**, zum Beispiel:
a baker**'s**   eine Bäckerei
a chemist**'s**   eine Apotheke

3.8 This/that, these/those

I'd like **that** T-shirt.
These are my colleagues.
What are you doing **this** weekend?

This wird für eine Person oder Sache gebraucht, die sich nahe beim Sprechenden befindet. Das kann räumlich nah sein (**This is my colleague.**) oder nah in der Zeit (**this evening**). **That** sagt man, wenn etwas weiter weg ist. Die Mehrzahl von **this** ist **these**, die Mehrzahl von **that** ist **those**.

This/that, these/those können auch alleine als Pronomen gebraucht werden:

Hello, **this** is John Baker. (am Telefon)
My name's Tim Hess and **these** are my colleagues. (eine Person vorstellen)

Hello, this is Brian. Is that Brenda?

3.9 Some/any/no

We need a bottle of wine and **some** orange juice.
Have you got **any** questions?
There wasn't **any** food in the fridge.
Some people bluff about reading to impress someone.   *Unit 5, B2c*
How many sisters have you got? – I haven't got **any**.   *Unit 6, A2b*

Man verwendet **some** und **any**, um von einer begrenzten Anzahl (**some nice restaurants**) oder einer begrenzten Menge (**some money**) zu sprechen. Im Deutschen gibt es keine Ausdrücke, die diesen Wörtern genau entsprechen. „Etwas" für eine Menge, „einige" für eine Anzahl sind mögliche Übersetzungen, aber in der Regel werden **some** und **any** gar nicht übersetzt. Schauen Sie sich die folgenden Beispiele an:
There are some nice pubs there.   Dort gibt es schöne Kneipen.
Bring/Take some money with you.   Bring Geld mit.
Auch im Englischen können **some** und **any** manchmal entfallen:
I have toast and marmalade for breakfast.
Ich esse Toast und Orangenmarmelade zum Frühstück.

Would you like ketchup?
Möchten Sie Ketchup?

In den Fällen, in denen Sie im Deutschen „einige" sagen würden, wird
some stärker betont:
Some people in the class think it's a good idea, but others disagree.
Hier wird **some** so ausgesprochen: /sʌm/. Vergleichen Sie aber mit fol-
gendem Beispiel:
I'd like some tea, please.
Hier wird **some** überhaupt nicht betont. Das Wort **tea** ist hier wichtig
und **some** wird /səm/ ausgesprochen.

Some wird in **Aussagesätzen** gebraucht:
There are **some** nice restaurants in the town.
I'd like **some** coffee, please.

Some und **any** werden beide in **Fragesätzen** gebraucht. Der Unterschied
liegt beim Schwerpunkt der Frage. Vergleichen Sie:

Would you like some ketchup?
(eine Einladung oder ein Angebot, positiv betont)

Do you need any orange juice? (eine offene Frage)

Any wird mit **not** in **verneinten Aussagesätzen** gebraucht:
I don't spend **any** time with friends.
Ich verbringe keine Zeit mit Freunden.

I don't have **any** money.
Ich habe kein Geld.

> ▲ Beachten Sie den Unterschied zwischen „kein" und **any**. Das Wort
> „kein" ist negativ. **Any** dagegen ist nur negativ in Zusammenhang
> mit **not**.

No
Eine andere Art, die
Verneinung auszu-
drücken, ist die
folgende:
I have **no** money.

I've got some beer, but I haven't got any food.

(→ 3.12)

3.10 All/both/some/none/etc.

All of us read a lot.	*Unit 5, B1b*
We **all** read a lot.	*Unit 5, B1b*
Both Linda and I like skiing.	
We **both** like skiing.	
Some people use electronic dictionaries.	
None of us go to the cinema.	*Unit 5, B1b*

Both entspricht „beid-", **all** bedeutet „all-" oder „sämtlich-". Sie können die Wörter **all** und **both** folgendermaßen verwenden:

All/Both the students did their homework.
The students **both/all** did their homework.
All/Both of the students did their homework.

Vergleichen Sie:
Both the students did their homework.
Die beiden Lernenden haben ihre Hausaufgaben gemacht.

Who did their homework? – **All/Both of them.**
Wer hat seine Hausaufgaben gemacht? – (Sie) alle/beide.

Im Beispiel oben entspricht **some** dem deutschen Wort „einige". Es kann folgendermaßen benutzt werden:
Some of the cars were German.
Some cars were German.
Some of us don't drive.
(→ 3.9)

Auf die gleiche Weise wie **some** kann man die folgenden Wörter benutzen: **many, a few, a lot** usw:
Many of my friends came to the party.
A few of the students want to do a test.
She spends **a lot of her** time at work on the telephone.
Not many people bought tickets.
(→ 3.13.1)

None (kein, keine usw.) wird folgendermaßen verwendet:
None of the students could do the exercise.
None of us went to the party.

3.11 Every/each

I go to my English class **every** Thursday evening.
Every child has to go to school.
Each time I go to London, I visit a different museum.
He was carrying a bag in **each** hand.

Every und **each** werden für Personen und Dinge verwendet. Beide können mit „jede/jeder/jedes" übersetzt werden. Bei der Verwendung gibt es kleine Unterschiede:

Wenn man nur über zwei Dinge redet, zum Beispiel über zwei Hände, kann man nur **each** verwenden:
  a bag in **each** hand   a bag in ~~every~~ hand

Wenn man ausdrücken möchte, dass die Dinge verschiedenartig sind, wird man eher **each** benutzen, zum Beispiel:
  Every child has to go to school. (alle Kinder, ohne Unterschied)
  Each time I go to London ... (kein Besuch gleicht dem anderen)

3.12 Somebody/anybody/everybody/etc.

Everybody likes sausages but not many like curries.   *Unit 7, A4b*
Somebody can have up to seven dreams a night.
This is a sign that **something** continues to worry you.
Some people remember **nothing** from their dreams.

somebody	something	somewhere
anybody	anything	anywhere
nobody	nothing	nowhere
everybody	everything	everywhere

Siehe 3.9 zur Anwendung von **some** und **any**. Die gleichen Regeln gelten für **somebody**, **anybody** usw., zum Beispiel:
  I saw **somebody** in the street but I did**n't** see **anybody** in the park.

Sie werden manchmal statt **somebody**, **anybody** usw. **someone**, **anyone** usw. hören oder lesen. Im Mündlichen ist dies aber eher selten.

▲ Die Aussprache von **nothing** bildet eine Ausnahme:
  nobody /ˈnəʊbɒdi/   **nothing** /nʌθɪŋ/   **nowhere** /ˈnəʊweə(r)/
  Das **o** in **nothing** wird wie das **u** in **bus** oder **cut** ausgesprochen!

3.13 Much/many/etc.
3.13.1 Much / many / a lot / a little / a few

How many sisters have you got?	*Unit 6, A2b*
Only **a few** (students) drink milk.	*Unit 7, A4b*
Not **many** (students) like curries.	*Unit 7, A4b*

Much und **many** entsprechen im Deutschen etwa „viel/e".
How much ...? entspricht „Wie viel ...?", **How many ...?** „Wie viele ...?".

A lot (of) oder **lots (of)** ersetzen sowohl **much** als auch **many**, vor allem in Aussagesätzen, zum Beispiel:
We visited **a lot of** museums.
There are **lots of** shops.
We spent **lots of** money.

A lot kann auch alleine im Sinne von „viel" oder „sehr" gebraucht werden:
We all ate and drank **a lot**.

A little wird als Gegenstück zu **much**, **a few** zu **many** gebraucht, zum Beispiel:
I didn't spend **much** money, only **a little**.
I didn't see **many** people, only **a few**.

Wenn man nach einem Preis fragen will, gebraucht man **How much**:
How much is a ticket?
How much are the tickets?

(→ 3.15, **too much/many**)

3.13.2 More / (the) most / less / (the) least

More and **more** people are using their mobile phone to access the Internet.	*Unit 2, A2b*
More people in France commute **than** in Germany.	*Unit 7, A2a*
Men in the Netherlands do **more** housework **than** men in Germany.	*Unit 7, A2a*
Greeks spend **less** on heating **than** Germans.	*Unit 7, A2a*
The Dutch have **the most** caravans.	*Unit 7, A2a*

What surprised me **(the) most** was that **more** people in Great Britain go to adult education classes **than** in Germany.	*Unit 7, A2c*
What surprised me **(the) least** was that Greeks spend **less** on heating **than** Germans.	*Unit 7, A2c*
Most students in our class drink coffee for breakfast.	*Unit 7, A4b*

Die Steigerungsformen von **much, many, a little** and **a few** werden folgendermaßen gebildet:

	Steigerungsform 1	Steigerungsform 2
much	more	(the) most
many / a lot	more	(the) most
a little	less	(the) least
a few	less/fewer	(the) least / (the) fewest

Die traditionellen Steigerungsformen von **a few** sind: **fewer** und **the fewest**. Allerdings verwenden heute immer mehr Muttersprachler stattdessen **less** und **the least**.

Die Steigerungsformen von **much, many** etc. werden sowohl vor einem Nomen als auch alleinstehend (als Pronomen) verwendet.

Mehr Informationen zu den Steigerungsformen finden Sie auch unter 4.1, 4.2, 4.3.

3.14 One/ones

Is there a bookshop near here? – Yes, there's **one** in Badstraße.
I don't like this T-shirt but I like that **one**.
The red T-shirt is more expensive than the blue **one**.
The black shoes look more comfortable than the white **ones**.

One und **ones** stehen anstelle eines Nomens, um dessen Wiederholung zu vermeiden. Im zweiten und dritten Beispiel steht **one** für das Nomen **T-shirt**. Im vierten Beispiel steht **ones** anstelle von **shoes**. Im Deutschen steht hier normalerweise nichts, vergleiche: Die schwarzen Schuhe sehen bequemer aus als die weißen.

3.15 Too/enough

Are you **too** tired?
You drank **too much** wine last night.
They don't have **enough** time for their children.

Wie das Wort „zu" im Deutschen kann **too** vor einem Adjektiv stehen:
Would you like to go to the cinema?
– No, I'm **too** tired. (Ich bin zu müde.)

Too steht auch vor **much** und **many** im Sinne von „zu viel" oder „zu viele".

I didn't like the party. There were **too** many people there. (zu viele Leute)
I have **too** much work. I can't do it.   (zu viel Arbeit)

Enough entspricht im Deutschen „genug". Und wie „genug" steht **enough** vor einem Nomen, aber nach einem Adjektiv:

They don't have **enough time.**   (nicht genug Zeit)
The day isn't **long enough.**   (nicht lang genug)

3.16 Question words *Fragewörter*
3.16.1 When?/Where?

Where are you from?
Where do you live?
When does the train leave?
Where does the train leave **from**?

Das Fragewort steht zuerst, dann folgt der restliche Satz in der Frageform.

Beachten Sie, dass die Präposition am Satzende steht:
Where are you **from**? (Woher? wörtlich: von wo?)
Where does the train leave **from**?
Where are you cycling **to**? (Wohin? wörtlich: zu/nach wo?)

When? heißt „wann?" oder „um wieviel Uhr?".
Where? heißt „wo?" und nicht „wer?"!

3.16.2 What?/Who?

What's your name?
What did you learn in school?
What's she like?

Who is responsible for answering the phone?
Who was your favourite teacher?

What? heißt „was?".
Who? heißt „wer?"!

Vergleichen Sie:

Who is your teacher?	<u>Wer</u> ist dein(e) Kursleiter(in)?
Who did you see yesterday?	<u>Wen</u> hast du gestern gesehen?
Who did you give the present **to**?	<u>Wem</u> hast du das Geschenk gegeben?

Beachten Sie die folgenden englischen Fragestellungen, die sich
von den deutschen unterscheiden:

What time is it?	Wie spät ist es?
What do you do?	Was machen Sie beruflich?
What was the weather like?	Wie war das Wetter?
What's the matter?	Was ist los?

3.16.3 What ...? / Which (one)?

Which country does flamenco come from?	*Unit 7, A1a*
Which countries border on Poland?	*Unit 7, A1a*
What colour is her hair?	
What sort of things do you do online?	
Which of these men in the photo is your grandfather?	
What kind of meat have you got? - I've got beef, lamb or pork. **Which** (one) would you prefer?	*Unit 10, C2b*

What und **which** können beide vor einem Nomen stehen, zum Beispiel:
What colour do you like?
Which man is your grandfather?

Wir verwenden normalerweise **what**, wenn die Frage offen ist und sehr
viel Auswahl zur Verfügung steht: What kind of food do you like? **Which**
wird benutzt, wenn die Auswahl eher begrenzt ist: Which day next week
is best for you?

Beachten Sie die folgenden nützlichen Ausdrücke:

What kind of ...?	Was für ...?
What sort of ...?	Welche Art ...?

What und **which** können alleine stehen. Manchmal kann **one** verwendet
werden:
What would you like to drink?
Which (one) would you prefer?

Beachten Sie auch die folgenden Formen:
  Which of the men is your grandfather?
  Which of these would you prefer?

Vergleichen Sie mit **all of, both of** etc. (→ 3.10).

3.16.4 How?

How can I help you?	Wie ...?	
How many sisters have you got?	Wie viel/e ...?	*Unit 6, A2b*
How often do you see each other?	Wie oft ...?	*Unit 6, D4c*
How long have you known him?	Wie lange ...?	
How much money did you spend?	Wie viel ...?	
How much does a ticket cost?	Wie viel ...?	

How entspricht im Deutschen „wie".

3.16.5 Why?

Why haven't you got a pet? – **Because** I don't like animals.

Why entspricht im Deutschen „warum". Eine Antwort auf die Frage **why?** kann **because** ... (weil ...) sein.

3.16.6 Whose?

Whose book is this?
Whose is this? Is it yours?

Sie können **whose** entweder alleine oder vor einem Nomen verwenden. Beachten Sie:
  Whose is it?   Wem gehört es?   (→ 3.6.2)

3.17 Relative pronouns *Relativpronomen*

Relativpronomen verbinden zwei Sätze miteinander. Das Pronomen **that** kann sowohl für Personen als auch für Dinge verwendet werden. Ansonsten wird **who** für Personen und **which** für Dinge verwendet.

3.17.1 Relative pronouns in subject position

A person **who/that** teaches children is a teacher.
Jean Atkins is the person in the company **who/that** looks after the money.
A gastropub is a pub **that/which** sells high quality food.

Das zweite Beispiel können wir folgendermaßen umschreiben:
  Jean Atkins is a person in the company. **She** looks after the money.

In den Beispielen oben wird das Subjekt gewissermaßen durch den Relativsatz definiert:
  Who is Jean Atkins? – She's the person who looks after the money.
  What is a gastropub? – It's a pub that sells high quality food.
In solchen Fällen wird, anders als im Deutschen, kein Komma gesetzt.

3.17.2 Relative pronouns in object position

German was a subject (**that/which**) I had at primary school.
Mr Blenkinsop was a teacher (**who/that**) I had at secondary school.
He was a teacher who listened to the things (**that/which**) we wanted to say.

Das zweite Beispiel können wir diesmal folgendermaßen umschreiben:
  Mr Blenkinsop was a teacher. I had **him** at secondary school.

Wenn das Relativpronomen die Funktion eines Objekts hat, können Sie in jedem Fall **that** verwenden – oder **who** für Personen und **which** für Dinge. Sie werden aber hören und lesen, dass das Relativpronomen auch ganz einfach weggelassen wird:
  He was a teacher I had.
  English is a language I love.

Beachten Sie, dass auch hier kein Komma gebraucht wird!

3.18 Reflexive pronouns   *Reflexivpronomen*

I enjoy **myself**.	*Unit 1, D1e*
Do you talk to **yourself**?	*Unit 1, D1e*
Pierre cut **himself** yesterday.	*Unit 9, C2a*
We've known **each other** for five years.	*Unit 6, D2b*

I	myself
you	yourself
he	himself
she	herself
it	itself
we	ourselves
you	yourselves
they	themselves

Beachten Sie (den im Englischen eher ungewöhnlichen) Unterschied zwischen Singular **yourself** und Plural **yourselves**.

a) Es gibt auch im Englischen einige Verben, die das Reflexivpronomen erfordern, aber nicht so viele wie im Deutschen. Typische Beispiele sind:

He **cut himself** when he was shaving.
Did you **enjoy yourself** at the party?

b) Manchmal wird das Reflexivpronomen nach einer Präposition verwendet, zum Beispiel:

I talk **to myself** to practise my English.
You need to take care **of yourself** when you're ill.

c) Es gibt auch einige häufig verwendete Ausdrücke, die Reflexivpronomen enthalten, zum Beispiel:

Help yourself!   Bedienen Sie sich!
by myself   alleine

d) Beachten Sie den Unterschied zwischen Reflexivpronomen und der Verwendung von **each other**. Sehen Sie sich die folgenden Beispiele an:

We've known **each other** for five years. (Ich kenne dich, und du kennst mich.)
Vergleichen Sie mit:
We enjoyed **ourselves**. (Ich habe mich vergnügt, und du hast dich vergnügt.)

Die folgenden Abbildungen veranschaulichen nochmals den Unterschied:

They looked at themselves.   They looked at each other.

4 Adjectives *Adjektive*

There are three **good** schools in Sandwich.
It's a **beautiful** cat.
The music was really **nice**.

Das **adjective** wird gebraucht, um eine Sache oder eine Person näher zu beschreiben. Anders als im Deutschen ändert sich die Form des Adjektivs im Englischen nicht. Schauen Sie sich die Beispiele oben noch einmal an: Im Deutschen hätte das Adjektiv im ersten und zweiten Beispielsatz eine Endung (drei gute Schulen, eine schöne Katze).

4.1 Comparative form *Steigerungsform 1*

A computer is **more important** than a TV.
It's **easier** to find things at department stores.

In den Beispielen oben werden unterschiedliche Dinge miteinander verglichen. Im zweiten Satz werden **department stores** implizit mit einer anderen Art Laden verglichen.

4.1.1 Short adjectives *Kurze Adjektive*

I'm **taller** than Doris.
It's **easier** to find things at department stores.

Bei den meisten kurzen Adjektiven wird wie im Deutschen (klein – kleiner) **-er** angehängt, wenn man zwei Dinge vergleicht.

tall	tall**er**
short	short**er**
cheap	cheap**er**
fast	fast**er**

Beachten Sie aber die folgenden Schreibregeln:

hot	ho**tter**		easy	eas**ier**
big	bi**gger**		heavy	heav**ier**
thin	thi**nner**		pretty	prett**ier**

Und die folgenden Adjektive haben unregelmäßige Steigerungsformen:

good	better
bad	worse
far	further

4.1.2 Long adjectives *Lange Adjektive*

A computer is **more important** than a TV.

Lange Adjektive werden mit **more** gesteigert (→ 3.13.2).

expensive	**more** expensive		difficult	**more** difficult
comfortable	**more** comfortable		interesting	**more** interesting

Um die Steigerungsform zu verstärken oder abzuschwächen, kann man **much, a lot** bzw. **a bit** verwenden.
Department stores are **a lot** bigger. (→ 5.3)

4.1.3 Than

Wenn man zwei Dinge vergleicht, folgt **than** auf die Steigerungsform:

I am taller **than** Doris. (→ 3.13.2)

4.2 Superlative form *Steigerungsform 2*

The four **most important** things are a bicycle, a computer, a car and a guitar.
The cheapest things are some of **the nicest** things.
One of **the funniest** things that ever happened to   *Unit 5, A3b*
me was …

Hier werden bestimmte Dinge hervorgehoben und verglichen.

4.2.1 Short adjectives *Kurze Adjektive*

This is **the nicest** T-shirt.

Bei den Adjektiven, deren **comparative** mit **-er** gebildet wird, wird der **superlative** mit **the ...-est** gebildet.

tall	tall**er**	**the** tall**est**
short	short**er**	**the** short**est**
cheap	cheap**er**	**the** cheap**est**
fast	fast**er**	**the** fast**est**

Beachten Sie die folgenden Schreibregeln:

hot	hotter	**the** hottest		easy	easier	**the** easiest
big	bigger	**the** biggest		heavy	heavier	**the** heaviest
thin	thinner	**the** thinnest		pretty	prettier	**the** prettiest

Beachten Sie die folgenden unregelmäßigen Formen:

good	better	(the) best
bad	worse	(the) worst
far	further	(the) furthest

4.2.2 Long adjectives *Lange Adjektive*

The television is **the most important** thing (→ 3.13.2).

Die **superlative**-Form langer Adjektive wird mit **the most** gebildet.

expensive	**more** expensive	**the most** expensive
difficult	**more** difficult	**the most** difficult
comfortable	**more** comfortable	**the most** comfortable
interesting	**more** interesting	**the most** interesting

4.3 As ... as

Second-hand clothes aren't **as** nice **as** new clothes.

Wenn zwei Dinge (oder Personen) gleich sind (zum Beispiel gleich schön oder gleich groß), kann man das mit **as ... as** ausdrücken.

5 Adverbs, prepositions and conjunctions *Adverbien, Präpositionen und Konjunktionen*

5.1 Adverbs of frequency *Adverbien der Häufigkeit*

Louise **usually** works outdoors.
Steve comes to Lake Geneva **every summer**.
How often can I take these pills? **Three times a day**.

always	immer
regularly	regelmäßig
often	oft
usually	gewöhnlich
sometimes	manchmal
occasionally	gelegentlich
seldom	selten
never	nie

121

Always usw. sind Adverbien und geben Antwort auf die Frage **How often?** (Wie oft?). Beachten Sie, dass sie, anders als im Deutschen, vor dem Verb stehen.

Louise **always goes** to Canada in the summer.

Die folgenden Tabellen zeigen weitere Ausdrücke, die auf die Frage „Wie oft?" eine Antwort geben:

once a day	**twice a day**	**twice a year**
einmal täglich	zweimal täglich	zweimal im Jahr
three times a day	**four times a day**	**five times a week**
dreimal pro Tag	viermal pro Tag	fünfmal pro Woche

every morning	**every week**	**every year**
jeden Morgen	jede Woche	jedes Jahr

5.2 Adverbs of manner *Adverbien der Art und Weise*
5.2.1 Regular adverbs *Regelmäßige Adverbien*

Please drive **slowly**.
Be careful! Hold it **carefully**!

Adverbs of manner beschreiben, wie etwas gemacht wird. Sie stehen in der Regel zusammen mit einem Verb.

Form
Ein **adjective** wird zu einem **adverb** durch das Anhängen von **-ly**, zum Beispiel:

slow   slow**ly**
casual   casual**ly**

Es gibt aber einige Rechtschreibregeln:
a) Wenn das Adjektiv mit **-y** endet, wird das **y** in **i** umgewandelt:
easy   eas**ily**
necessary   necessar**ily**

b) Wenn das Adjektiv mit **-le** endet, wird **-le** zu **-ly**.

terrib**le**   terrib**ly**
gent**le**   gent**ly**

Beachten Sie, dass Adjektive und Adverbien im Deutschen oft die gleiche Form haben. Vergleichen Sie:

She's **beautiful** and she sings **beautifully**.
Sie ist schön und sie singt schön.

Wortfolge
Ein **adverb of manner** steht gewöhnlich am Ende des Satzes:

Push me **gently**!
They read the text **carefully**.

Es kann aber auch vor dem Hauptverb stehen:

The sun **slowly** rose.
He **carefully** read the text.

Im Gegensatz zum Deutschen darf das **adverb** aber nicht zwischen Verb und Objekt stehen. Vergleichen Sie:

I speak English very well.
Ich spreche sehr gut Englisch.
The teacher carefully explained the exercise. / The teacher explained the exercise carefully.
Die Kursleiterin erklärte sorgfältig die Übung.

5.2.2 Irregular adverbs *Unregelmäßige Adverbien*

You learnt English **fast**.   *Unit 4, C3a*
You worked **hard**.   *Unit 4, C3a*

Die folgenden Adverbien sind unregelmäßig:

adjective	adverb
good	well
fast	fast
hard	hard
automatic	automatically*
basic	basically*

* Das „a" in den Endungen wird nicht ausgesprochen.

Für manche Adjektive gibt es keine Adverbien. In diesen Fällen drücken wir uns zum Beispiel so aus:

He's a **friendly** person.	He greeted me **in a friendly way**.
She's a **lovely** singer.	When she sang **it was lovely**.

5.2.3 Comparison of adverbs *Steigerung von Adverbien*

Which singer sang **the most beautifully**?
I work **harder than** my colleague.

Die Adverbien mit Endung **–ly** werden genauso gesteigert (Komparativ und Superlativ) wie lange Adjektive (→ 4.1.2, 4.2.2):
The soprano sang **more beautifully** than the tenor, but the bass sang **the most beautifully**.
The tenor sang **less beautifully** than the soprano, but the alto sang **the least beautifully**.

Die Steigerungsformen der unregelmäßigen Adverbien sehen folgendermaßen aus:

adverb	Steigerungsform 1	Steigerungsform 2
well	better	(the) best
fast	faster	(the) fastest
hard	harder	(the) hardest

Beachten Sie auch diese unregelmäßigen Steigerungsformen:

adverb	Steigerungsform 1	Steigerungsform 2
badly	worse	(the) worst
slowly	slower / more slowly	slowest / (the) most slowly

Auch die folgenden Ausdrücke können als Adverbien verwendet werden:

adverb	Steigerungsform 1	Steigerungsform 2
a lot	more	(the) most
a little	less	(the) least

Beispiele:

What surprised me (the) **most** was ...	*Unit 7, A2c*
What surprised me (the) **least** ...	*Unit 7, A2c*

5.3 Adverbs of degree *Gradadverbien*

It was **very** nice.
It was **a bit** boring.
You're a **really** warm and friendly person.
You're **rather** creative.
I guess my English is **pretty** good.
Department stores are **a lot** bigger.

Die **adverbs of degree** geben Antwort auf die Frage „inwieweit?" oder „wie sehr?".

++	+
very	a bit
really	rather/quite/pretty
a lot / much	a little

Nicola is **very** slim. (sehr schlank)
She's **quite** tall. (ziemlich groß)
Derek is **a bit** heavy. (ein bisschen schwer/dick)
The book was **too** expensive for me. (zu teuer) (→ 3.15)

Bei der Steigerungsform 1 von Adjektiven (→ 4.1) verstärkt man die Steigerung folgendermaßen:
The shoes were **a lot / much** cheaper in Germany than in England.
Department stores are **a lot** bigger.
oder man schwächt ab:
Nicola is **a bit taller** than Derek.

much / many / a lot (→ 3.13)
Die folgenden **adverbs of degree** können mit **much / many / a lot** gebraucht werden:
very much/many
quite/rather a lot
too much/many

5.4 Time *Zeit*
5.4.1 Adverbs of time *Adverbien der Zeit*

He mailed me this photo **last year**.	*Unit 6, D2b*
I'm going to take some stuff there **next week**.	*Unit 8, D1e*
Friday **after next**	*Unit 10, B1*

Im Folgenden handelt es sich um typische Adverbien oder adverbiale Bestimmungen der Zeit.

past		present	future	
the day before yesterday	yesterday	today	tomorrow	the day after tomorrow
	yesterday evening	this evening	tomorrow evening	
the week before last	last week	this week	next week	the week after next
the Monday before last	last Monday		this/next Monday	(the) Monday after next

Beachten Sie die folgenden Adverbien:

before (vor)	beforehand (vorher)
after (nach)	afterwards (nachher)

Wenn Sie eine kleine Geschichte erzählen möchten, dann können Sie die folgenden Adverbien verwenden:

first	soon	later
in the beginning	next	in the end
to begin with		finally

5.4.2 Prepositions of time *Präpositionen der Zeit*

a) at / in / on

The shop opens **at** 7:30.
They're flying to Darwin **in** June.
The meeting is **on** Friday 9th June.

At, in und on sind Präpositionen. Um Zeit und Datum anzugeben, werden sie folgendermaßen benutzt:

at: für die Uhrzeit
in: für die Tageszeit, den Monat, die Jahreszeit, das Jahr
on: für den Tag

Die folgenden Wortigel geben Beispiele für diese und weitere Fälle:

at Christmas
at 3 o'clock — (at) — at night
at half past five   at the weekend (UK)

on Monday
on Saturday morning — (on) — on the weekend (US)
                              on my birthday
on July 4th
                        in 1997   in January
                              (in)
in the summer
                        in the morning

▲ Beachten Sie die Unterschiede zum Deutschen! Zum Beispiel:
I was born **in** 1997. ↔ Ich bin 1997 geboren.

b) for / from ... to / till / until / after / before

Marcello lived in Berne **for** 6 years.
He lived there **from** 1978 **to** 1984.
Can I take the medicine **after** breakfast?

For wird für einen Zeitraum gebraucht (**for** 6 years) und **from ... to / till / until** für den Anfang und das Ende eines Zeitraums (**from** April **to** June).

Im amerikanischen Englisch gibt es eine weitere Möglichkeit: **through** (oft als **thru** geschrieben). **Monday thru Thursday** bedeutet „von Montag bis einschließlich Donnerstag".

After entspricht im Deutschen „nach", **before** entspricht „vor".
Zum Beispiel: Let's have a drink **before** the movie.

c) ago/in

40 years **ago** we only had three TV channels.   *Unit 7, D2c*
We met twenty years **ago**.   *Unit 6, D2b*
In 40 years we'll create our own TV on the Internet.   *Unit 7, D2c*

Ago entspricht „vor" in Bezug auf einen Zeitraum, der von der Gegenwart in die Vergangenheit zurückreicht. Beachten Sie, dass **ago** nach
dem Nomen steht:
2 years **ago**   **vor** 2 Jahren

In wird mit Blick auf einen Zeitraum verwendet, der sich von einem ge-
gebenen Zeitpunkt aus in die Zukunft erstreckt. Es entspricht der Präposition „in" im Deutschen.
I'll see you **in** ten minutes.

d) for/since

I've lived here **since** 2003.   *Unit 4, B4b*
I've lived here **for** six months.   *Unit 4, B4b*

For wird verwendet, wenn man über einen Zeitraum spricht, zum
Beispiel:
for ten years, **for** five minutes, **for** a long time, **for** most of my life
Es kann mit den meisten Zeitformen des Verbs benutzt werden, zum
Beispiel:
When I was a child I **lived** in Australia **for** three years.
The lesson **lasts for** 45 minutes.
I**'ve lived** here **for** six months.
She**'s going to work** in India **for** three months.

Since wird verwendet, wenn man über einen Zeitpunkt spricht, der in
der Vergangenheit den Anfang eines Zeitraums markiert und bis in die
Gegenwart hineinreicht, zum Beispiel:
since 2003, **since** last Wednesday, **since** my birthday, **since** the end of
last year
Es wird nur mit dem **present perfect** verwendet:
I**'ve worked** here **since** 2003.
(→ 2.3.1)

e) until/till/by

My boss is out of the office **until the end of the week**.
Can you finish this work **by 9:00 tomorrow morning**?   *Unit 10, B1*

Alle drei Präpositionen können im Deutschen durch „bis" wiedergegeben werden.

Till und **until** haben die gleiche Bedeutung und beziehen sich auf einen Zeitraum mit einem bestimmten Punkt am Ende, zum Beispiel:
  My boss is out of the office **until** the end of the week.
  I was born in Karlsruhe and I lived there **till** 1998.
  We danced **until** four o'clock in the morning.
In diesen Beispielen dauert das Geschehen während der ganzen Zeit an: von jetzt bis zum Ende der Woche, von meiner Geburt bis 1998, von einem Zeitpunkt abends bis vier Uhr früh.

Wir verwenden **by**, wenn wir über ein Zeitlimit sprechen. **By** heißt „nicht später als".
  Give me an answer **by** Thursday. (am oder vor Donnerstag)

5.4.3 Conjunctions of time *Konjunktionen der Zeit*

I was in the garden **when** I heard someone.	*Unit 5, A2a*
After Amanda sees her sick daughter, she gives up her job to take care of her.	*Unit 2, D2*
Before the game started there was some trouble with the fans.	
Teija got sunburnt **while** she was lying on the beach.	
I've been a vegan **since** I was 16.	
Tina lived in Germany **till** she was 20.	
I'll come **as soon as** I can.	*Unit 9, D3a*

Diese Konjunktionen leiten einen Nebensatz ein. Beachten Sie die folgenden Punkte:
a) In einer Geschichte kann auf **when** das **past simple** folgen, wenn Sie ausdrücken möchten, dass eine Sache der anderen folgt: When I saw the burglar I called the police.
  Wenn Sie aber ausdrücken möchten, dass ein laufendes Ereignis von einer anderen Sache unterbrochen wird, oder, wenn Sie den Hintergrund einer Geschichte beschreiben, dann benutzen Sie nach **when** oder **while** das **past continuous**: I heard a noise while/when I was sitting in the garden.

b) Auf **since** folgt in der Regel das **past simple**, jedoch verwenden wir das **present perfect** im Hauptsatz: I've lived in this house since I was a child.

5.5 Prepositions of place *Präpositionen des Ortes*

Im Folgenden die wichtigsten Präpositionen (Ort und Bewegung) mit deutscher Übersetzung:

Präposition	Verwendung	Beispiel	Übersetzung
at	(Treff)punkt	at the corner	an der Ecke
	Raum	at the office	im Büro
	Raum	at the restaurant	im Restaurant
	Ereignis	at the football match	beim Fußballspiel
	zuhause, daheim	at home	zuhause
	zuhause, daheim	at my friend's (house)	bei meinem Freund (zuhause)
		at the top/ bottom of ...	oben/unten
in	innen	in a box	in einer Schachtel
	innen	in the office (building)	im Büro(gebäude)
	Land/Gebiet	in Germany	in Deutschland
inside	innen, drinnen	inside the house	im Haus
outside	Ort, draußen	outside the house	vor dem Haus
into	Bewegung, hinein	into the room	in den Raum (hinein)
out of	Bewegung, heraus	out of the house	aus dem Haus (heraus)
on	an der Oberfläche	on the floor	auf dem Boden
	an der Oberfläche	on the wall	an der Wand
	an der Oberfläche	on the ceiling	an der Decke
off	Bewegung, herunter	(fall) off the table	vom Tisch (herunterfallen)
behind		behind the house	hinterm Haus
in front of		in front of the house	vor dem Haus
opposite		opposite the house	gegenüber dem Haus
between		between London and Paris	zwischen London und Paris
near	nicht weit entfernt	near the coast	in der Nähe der Küste

Präposition	Verwendung	Beispiel	Übersetzung
close to	nicht weit entfernt	close to the shops	in der Nähe der Läden
next to / beside	unmittelbare Nähe	next to me / beside me (on the sofa)	neben mir (auf dem Sofa)
by	unmittelbare Nähe	sit by me	setz dich neben mich
	unmittelbare Nähe	by the lake	am See(ufer)
far from		far from the sea	weit vom Meer entfernt
from	Ausgangspunkt	from London (to Paris)	von London (nach Paris)
to	Endpunkt, Ziel	(from London) to Paris	(von London) nach Paris
towards	Richtung	towards me	hin zu mir
away from	Richtung	away from me	weg von mir
against	anlehnen	against the wall	an die Wand (anlehnen)
under		under the table	unterm Tisch
above	Ort	above the clouds	über den Wolken
over	Bewegung, führen, gehen	over the bridge	über die Brücke (gehen)
	Bewegung, hinüber	over the road	über die Straße (hinüber)
across	Bewegung, hinüber	across the road	über die Straße (hinüber)
up	Bewegung, hinauf	up the hill	den Hügel hinauf
down	Bewegung, hinunter	down the hill	den Hügel hinunter
along	Bewegung, entlang	along the street	die Straße entlang
round	Bewegung, um ... herum	round the corner	um die Ecke
past	Bewegung	past the school	an der Schule vorbei
through	Bewegung	through the park	durch den Park

5.6 Other prepositions and conjunctions *Andere Präpositionen und Konjunktionen*

a) because, because of etc.

He was late **because of** the bad weather.
The flight will be delayed **owing to** the bad weather.   *Unit 3, B2b*
The flight will be delayed **due to** the bad weather.   *Unit 3, B2b*

Because of, due to und **owing to** sind Präpositionen. Sie werden verwendet, um Ursache und Wirkung zu erklären:
because of the bad weather
because of the strike
Owing to und **due to** hören und lesen Sie bei eher formellen Anlässen, zum Beispiel Durchsagen am Bahnhof oder Flughafen. **Because of** wird in Alltagssituationen verwendet.

Because führt einen Nebensatz ein. Vergleichen Sie:
The flight was late **because the weather was so bad**.
The flight was late **because of the bad weather**.
Umgangssprachlich wird **because** oft abgekürzt zu **cos** ('cause).

b) transport

by car   *Unit 3, C5*
by train / **by** bus / **by** plane / **by** air
on foot   *Unit 3, C5*

Wenn wir über Verkehrsmittel sprechen, verwenden wir gewöhnlich die Präposition **by**. Eine Ausnahme gibt es nur im Zusammenhang mit „gehen", dann sagen wir **on foot**.

c) but/although etc.

We were hungry **but** we didn't eat anything.
Although/Though we were hungry we didn't eat anything.

Hier handelt es sich um sogenannte konzessive (einräumende, einschränkende) Nebensätze. Sie schränken die Aussage des Hauptsatzes ein oder drücken einen Gegensatz dazu aus. Beachten Sie, dass die Konjunktionen im Englischen keinen Einfluss auf die Wortstellung im Satz haben. Vergleichen Sie mit der deutschen Übersetzung:

We were hungry **but** we didn't eat anything.	Wir waren hungrig, haben aber nichts gegessen.
Although/Though we were hungry we didn't eat anything.	Obwohl wir hungrig waren, haben wir nichts gegessen.

6 Punctuation *Zeichensetzung*

Hier sind einige wichtige Regeln zur Kommasetzung:

Kommas werden im Englischen viel seltener gesetzt als im Deutschen. Man setzt das Komma nur, wenn man beim Sprechen eine kleine Pause einfügen würde:
- vor einem Beispiel: The Americans play special sports, for example baseball.
- in einer Liste: The Americans like baseball, basketball and football.
- vor „etc." (anders als im Deutschen): ... baseball, basketball, etc.

Kommas werden nicht gesetzt vor **that, if, when, because**, zum Beispiel:
I think that it's a good idea.
I'll call you if I need help.
I'll call you when I get home.
I'm learning English because I need it for my job.

Nach einem längeren Nebensatz, der mit **if, when, because** usw. beginnt, werden Kommas manchmal, aber nicht automatisch gesetzt, zum Beispiel:
If my colleague didn't speak German, we would need an interpreter.
When the train arrived about two and a half hours late, we saw our daughter at last.

Phrasebank
Wortschatz in Themengruppen

Discussion *Diskussion* (→ Unit 1, 2)

Asking for an opinion
Nach der Meinung fragen

What do you think (about …)?

What's your opinion?

Do you agree (with me)?

Don't you think (we should …)?

Giving your opinion
Seine Meinung ausdrücken

I think (that) … because …

I don't think (that) … because …

In my opinion, …

I believe (that) …

I feel (that) …

Agreeing *Zustimmen*

I agree.

I think so, too.

I think that's a good idea.

I couldn't agree with you more.

Yes, that's true.

Disagreeing *Ablehnen*

I disagree.

I don't think so.

I don't think that's a good idea.

I don't agree with that at all.

I'm sorry, but I disagree.

I don't really agree.

If you have no opinion
Wenn man keine Meinung hat

I don't know really.

I'm not sure.

I don't mind.

Explaining somebody's opinion
Die Meinung anderer erklären

Many people think it's not a good idea.

Some people say we should (live differently).

Experts believe that (the situation is very bad).

Most people feel that (we have to do something).

Expressing feelings Gefühle ausdrücken (→ Unit 4, 5)

I loved this film.	I hated this film.
I quite liked the book.	I didn't really like the book.
I enjoy my job.	I'm fed up with my job.
I'm keen on walking.	I can't stand walking.
I (really) enjoy walking.	I don't, I prefer cycling.

Working things out
Lösungen suchen
(→ Unit 6)

I think (she's the mother).

He must be (the grandfather).

He can't be the father. He looks too old.

She's probably (the sister).

Opinions about the future
Meinungen über die Zukunft
(→ Unit 7)

I think things will (probably) get better.

But things may/might (possibly) get worse.

Complaining *Sich beschweren* (→Unit 3)

Attract someone's attention *Jemanden ansprechen*

Excuse me, …

Explain the problem *Das Problem erklären*

I'm afraid this room's not clean …

I'm sorry but I ordered the fish, not this.

The air conditioning is a bit loud …

The shower in my room isn't working …

Say what you want *Sagen, was man möchte*

Could you send somebody to clean it, please?

Would you mind switching if off?

Could I have another room?

> **Culture note**
> In vielen Kulturen kann es ausgesprochen wichtig sein, eine Beschwerde vorsichtig und zurückhaltend vorzutragen. Es kommt darauf an, dass Sie Ihr Gegenüber für sich gewinnen. Denn Sie möchten ja, dass etwas für Sie getan wird, dass Ihr Problem gelöst wird. Wenn Ihr Gesprächspartner das Gesicht verliert oder sich vor den Kopf gestoßen fühlt, dann kann das kontraproduktiv sein.

A letter or email of complaint *Beschwerdebrief/-E-Mail*

Ms Helen Salisbury
Chief Executive
Cloudy Travel Ltd.
26 High Street
Newtown

16 August 20…

Dear Ms Salisbury

My husband and I booked a holiday with your company this summer to the Adonis Holiday Village on the island of Crete for two weeks from 4 to 19 July (Booking Number XL8672). We flew from London Stansted. Before we booked the holiday we discussed it on the phone with your company representative, Lindsay Small. We were looking forward to the holiday but I am writing to you today to say that we were very disappointed. We would like to complain about the following points:

1. When we arrived at the airport in Crete, there was nobody from your company there to meet us and no transport to the village. In the end we had to get a taxi that cost us €50.

2. Lindsay told us that the holiday village was good for all ages: young, old, families, singles, etc. In fact, all the people there except for us were old-age pensioners. It was very boring in the evenings. The old people all went to the restaurant at 6 o'clock and when we went later, it was completely empty.

3. In the first week, some of the old people became ill and they closed the restaurants. They gave us some special tickets for meals in the local town but most of the restaurants didn't accept these tickets. In the end we spent a lot of extra money in the town.

4. In the second week, there was a strike, and nobody came to clean our room all week.

As I said, we were looking forward to our holiday. We spent a lot of money on this trip, but in the end we were just happy to come home. The two weeks were a disaster.

I don't think that your company gave us the holiday that we paid for. For the reasons that I listed above, I would like to ask you to refund the full cost of the holiday.

Yours sincerely
Tamara Blundell

In der Adresszeile sollte sich immer der Name der Person, an die das Beschwerdeschreiben gerichtet ist, befinden. Und schreiben Sie am besten gleich dem Geschäftsführer, wenn Sie bei den Mitarbeitern vor Ort kein Glück haben.

Benutzen Sie den Namen. Wenn Sie den nicht haben, dann verwenden Sie: Dear Sir/Dear Madam/Dear Sir or Madam.

Erklären Sie die Situation.

Liefern Sie so viele Details wie möglich, zum Beispiel die Buchungsnummer.

Erklären Sie das Problem.

Fassen Sie zusammen.

Sagen Sie, welche Entschädigung Sie erwarten.

137

Job language *Berufssprache* (→ Unit 4)

Asking about training possibilities
Sich nach Weiterbildungsmaßnahmen erkundigen

Tina Neuhaus writes to her HR manager to say that she would like to do some more training.

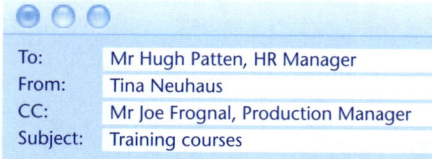

To:	Mr Hugh Patten, HR Manager
From:	Tina Neuhaus
CC:	Mr Joe Frognal, Production Manager
Subject:	Training courses

Dear Mr Patten

My name is Tina Neuhaus and I work in the electrical assembly section of the company. I have worked for Conducta for four and a half years. I came to Britain from Germany in 2003 and I want to stay in this country.

I enjoy working for Conducta but I think I could now do a more challenging job. Could you inform me about any training courses that I could do? I would like to have the chance to become a team leader or supervisor. I feel that I would enjoy more responsibility.

Before I came to Britain I did an apprenticeship in Germany and I can give you more details about my education and experience if you need them.

I look forward to hearing from you.

Best wishes
Tina Neuhaus

The job *Der Job*

Auf dieser Seite finden Sie eine Übersicht über die Adjektive aus Unit 4. Es geht um die Beschreibung von Arbeit und um Charaktereigenschaften von Menschen. Die Schreiblinien können sie für Ihre eigenen Notizen und Übersetzungen verwenden.

badly paid	_____	noisy	_____
boring	_____	quiet	_____
challenging	_____	rewarding	_____
comfortable	_____	safe	_____
dangerous	_____	secure	_____
dirty	_____	stimulating	_____
exciting	_____	stressful	_____
exhausting	_____	tiring	_____
interesting	_____	varied	_____
monotonous	_____	well-paid	_____

The person *Die Person*

adventurous	_____	hard-working	_____
ambitious	_____	outgoing	_____
bossy	_____	punctual	_____
calm	_____	sensible	_____
confident	_____	sensitive	_____
creative	_____	sociable	_____
dependable	_____	well-educated	_____

A job interview *Bewerbungsgespräch*

Questions	Answers
What education and training have you had?	I finished secondary school in ... I did an apprencticeship as a ... I studied ... at ... university / technical college.
What work experience have you had?	I worked as a ... for ... years. I worked for (Siemens) for ... years. I started my own business in ...
Why do you want this job / to do this course?	I'd like to do something new / more challenging / ... I'd like more responsibility / the chance to travel / ...
What sort of person are you? / How would you describe yourself?	I'm hard-working / outgoing / ... I like people / working in a team / to travel / ...
Do you have time to do this course?	
Are you ready / prepared to do this job?	
Do you have any questions you'd like to ask?	

CV *Lebenslauf*

Personal information

First name(s) / Surname(s)	Paul Weber
Address	65 Bridge Street, Wallingford, WA26 3QQ
Telephone	+44 (0)27 966 0011
Email	paul.weber@eemail.com
Nationality	German
Date of birth	12.10.1980

Work experience
Dates: 2005 onwards
Position: Store manager
Name and address of employer: Baker's Supermarkets, 39 Oxford Street, Croydon

Dates: 2001-2005
Position: Assistant store manager
Name and address of employer: Schneider GmbH, Bahnhofplatz, Bremen, Germany

Education and training
Dates: 1986 – 1990
School: primary school, Bremen

Dates: 1990 – 1996
School: secondary school, Bremen

Dates: 1996 – 2000
Training organization: Berufsschule (commercial college), Bremen
Training: Commercial apprenticeship with Schneider GmbH, Bahnhofplatz, Bremen, Germany

Dates: 2000
Training organization: German Armed Forces
Training: compulsory military service (9 months)

Dates: 2000
Training organization: Alpha Language School, Brighton
Training: English language course (6 weeks)

Mehr Informationen und Tipps zur Gestaltung eines Lebenslaufs siehe http://europass.cedefop.europa.eu

Other emails *Weitere E-Mails*

To:	Booking manager
Subject:	Room booking

I need a single room for a non-smoker from 1- 4 April. I think there is a problem with the booking system on your website. Could you help me? Do you have a room available on these dates? And what is the room rate?

Thank you.

Kind regards
Barbara Shiply

I'd like to book … / I'd like to make a reservation …
Do you have / Is there a room available …?
What is the room rate? / How much is a room per night?
What is the total price for …?

Dear Mr Day

I am writing to ask for information about language courses at your school. How many lessons a day do you offer? How long does the course last? How much does it cost? Could you please send me a brochure with this information or call me to discuss details. My telephone number is 0049 88 23 55 37.

Best wishes
Sascha Bergmann

Dear Bruno

It was very good to meet you last week. I hope you enjoyed your visit to our company. Thank you very much for the bottle of wine. My husband and I drank it at the weekend. It was very good!

I hope the rest of your visit to England went well. My colleagues and I look forward to seeing you again soon.

Best wishes
Fiona

Hi Claire

Lovely to see you last week. Hope you enjoyed your visit to Wales. Thank you so much for the flowers – they're still beautiful. I hope your journey back was OK. Was the train on time?
Looking forward to seeing you again soon.

Love
Lee

Body and health *Körper und Gesundheit* (→ Unit 9)

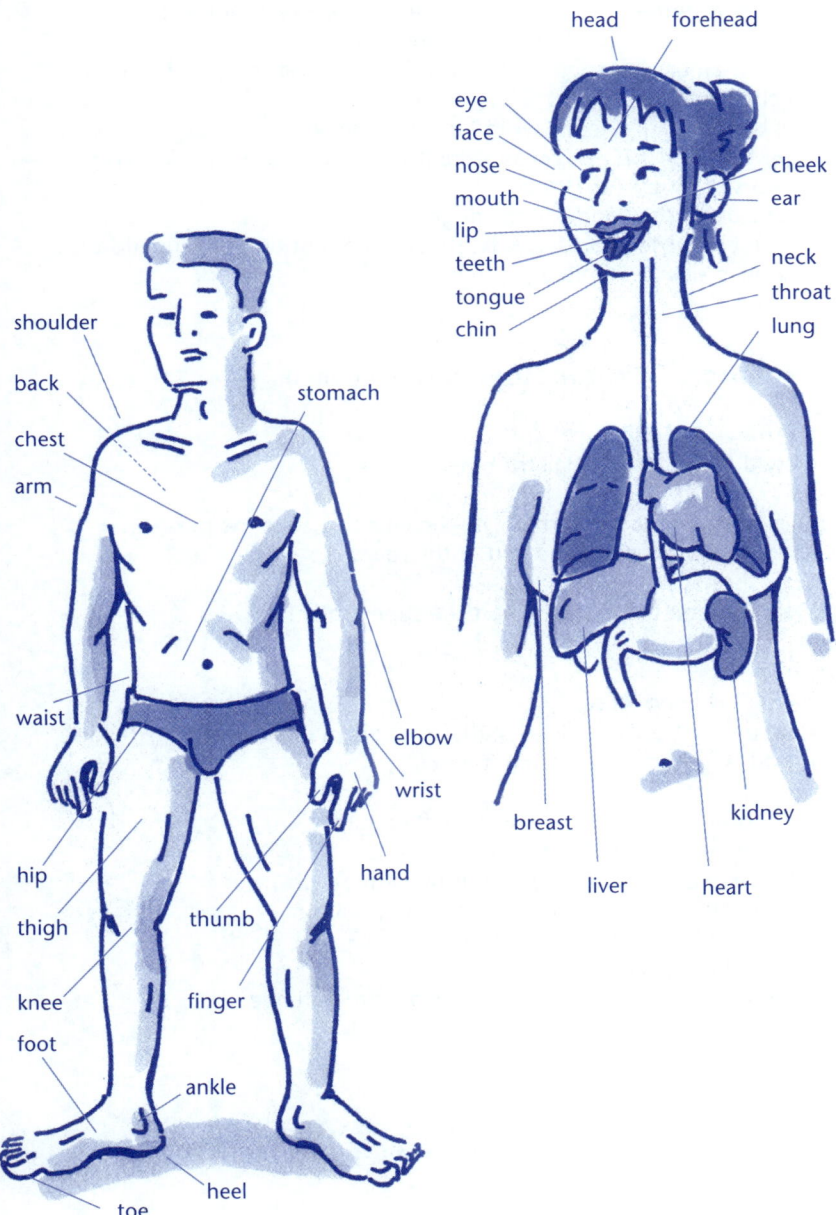

head   forehead

eye
face
nose   cheek
mouth   ear
lip
teeth   neck
tongue   throat
chin   lung

shoulder

back   stomach

chest

arm

waist

hip   elbow

thigh   wrist

knee   thumb   hand

foot   finger

                ankle   breast   kidney

        heel   liver   heart

toe

143

What's wrong? *Wo fehlt's ?*

I've got a cold / a cough / a runny nose / flu / ...
I've got a stomach ache / a headache / backache / toothache / ...
I've got a sore throat / sore eyes / sore muscles / ...
I've got an ear infection / a throat infection / a stomach infection /
  a chest infection / ...
I've broken / sprained / twisted my leg / ankle / wrist / ...
I got sunburnt / bitten by a mosquito / stung by a wasp / kicked by
  a horse / hit by car / ...
I cut / burnt my hand / foot / finger /...
I've got an upset stomach / diarrhoea / indigestion / constipation / ...
I've been sick / I vomited / ...

Directions *Richtungsangaben* (→ Unit 3)

On foot *Zu Fuß*
How do I get to City Hall from here?

Turn right/left at the corner / by the church / after the pub / ...
Carry on / Walk on to the end of the road.
Walk three blocks. (US)
Walk through the market / past the supermarket.

By car *Mit dem Auto*
How do I get to the railway station? / Can you help me?
I need to get to the centre of town.

Drive on / Carry on to the next (traffic) lights.
Turn left/right at the crossroads.
When you get to the roundabout take the second exit.
Go straight on when you get to the roundabout.
Carry on till you see a big pub on the left.
Follow the signs for Reutlingen.
Take the second exit off the motorway for Reutlingen.

In a building *In einem Gebäude*

- ■ Can I help you?
- ● Yes, where's Ms Waterfield's office, please?
- ■ It's on the second floor. Take the lift. When you come out of the lift, turn left. It's the second door on the right.
- ● Thank you very much.

- ■ Where can I find children's clothes, please?
- ● You have to go up to the first floor. You can take the escalator. Then children's clothes are in front of you, on the left.
- ■ Are there toilets on that floor, too?
- ● Yes, they're next to the lifts at the back of the store.
- ■ And do you have a cafeteria?
- ● Yes, it's here on the ground floor, over there, at the back of the building, behind the perfume department.
- ■ Thanks.

145

Numbers *Zahlen*

0	zero, oh		
1	one	1st	first
2	two	2nd	second
3	three	3rd	third
4	four	4th	fourth
5	five	5th	fifth
6	six	6th	sixth
7	seven	7th	seventh
8	eight	8th	eighth
9	nine	9th	ninth
10	ten	10th	tenth
11	eleven	11th	eleventh
12	twelve	12th	twelfth
13	**thir**teen	13th	thirteenth
14	**four**teen	14th	fourteenth
15	**fif**teen	15th	fifteenth
16	sixteen	16th	sixteenth
17	seventeen	17th	seventeenth
18	eighteen	18th	eighteenth
19	nineteen	19th	nineteenth
20	**twen**ty	20th	twentieth
21	twenty-one	21st	twenty-first
22	twenty-two	22nd	twenty-second
23	twenty-three	23rd	twenty-third
30	**thir**ty	30th	thirtieth
40	**for**ty	40th	fortieth
50	**fif**ty	50th	fiftieth
60	sixty	60th	sixtieth
70	seventy	70th	seventieth
80	eighty	80th	eightieth
90	ninety	90th	ninetieth
100	(one/a) hundred	100th	(one) hundredth
101	one hundred and one	101st	(one) hundred and first
1000	(one/a) thousand	1000th	(one) thousandth
32,648	thirty-two thousand, six hundred and forty-eight	32,648th	thirty-two thousand, six hundred and forty-eighth
1,000,000	(one/a) million	1,000,000th	(one) millionth
1,000,000,000	(one/a) billion	1,000,000,000th	(one) billionth

Conversion tables *Umrechnungstabellen*

Im Folgenden finden Sie die wichtigsten amerikanischen Maßeinheiten.

Die Briten benutzen heutzutage mehrheitlich das metrische System, so wie die anderen europäischen Länder. Ältere Leute verwenden manchmal noch die alten Maßeinheiten, aber in der Schule und in der Industrie wird mit metrischen Einheiten gearbeitet. Die beiden wichtigen Ausnahmen sind **pint** (Maßeinheit für Bier) und **mile** (Entfernung).

United States	Europe including UK[1]
Gewicht	
1 ounce (1 oz)	30 grams
1 pound (1 lb)	450 grams
Volumen	
1 pint[2] (1 pt)	0.5 litres
1 gallon (1 gal.)	3.8 litres
1 cup[3] (= half a pint)	ca. 240 ml
Länge	
1 inch (1")	2.5 centimetres
1 foot (1')	30 centimetres
1 yard (1 yd)	90 centimetres
1 mile[4]	1.6 kilometres
30 miles	50 kilometres
50 miles	80 kilometres
Temperatur[5]	
0 degrees Fahrenheit (0°F)	-17.8°C
32 degrees Fahrenheit (32°F)	0°C
68 degrees Fahrenheit (68°F)	20°C
80 degrees Fahrenheit (80°F)	26.6°C
98.6 degrees Fahrenheit (98.6°F)	37°C
212 degrees Fahrenheit (212°F)	100°C

1 Approximate equivalents.

2 Diese Maßeinheit verwenden die Briten nach wie vor für Bier. Aber Vorsicht! Das britische Pint ist größer als das amerikanische. Ein Pint Bier in einem Pub entspricht ca. 0,57 Liter.

3 Diese Maßeinheit wird in Kochrezepten gebraucht. Beachten Sie, dass die Amerikaner in der Küche nicht nur Flüßigkeiten, sondern auch Zutaten wie Mehl, Zucker und Butter nach Volumen und nicht nach Gewicht messen.

4 Die Briten verwenden auf ihren Straßen nach wie vor die Meile: **mile**. Sie messen Geschwindigkeit, wie die Amerikaner, in „miles per hour" (mph).

5 Man rechnet Fahrenheit folgendermaßen in Celsius um: Den Wert durch 5 teilen, mit 9 malnehmen und dann 32 addieren! Am besten lernen Sie einige Richtwerte. Zum Beispiel: 40 Grad ist kalt und 80 Grad ist heiß! Die europäische Skala (°C) bezeichnet man entweder als Celsius /'selsiəs/ oder Centigrade /'sentɪˌgreɪd/.

Your link to the Portfolio
Ihr Link zum Portfolio

Was ist das Europäische Sprachenportfolio?

Es ist eine Art Tagebuch des Sprachenlernens, in das Sie u.a. Folgendes eintragen können:
• Welche Sprachen habe ich bereits gelernt?
• Was kann ich in jeder dieser Sprachen genau? Welches Niveau habe ich erreicht?

Das Sprachenportfolio kann Ihnen dabei helfen, Fortschritte beim Lernen anschaulich zu machen und Ihren Lernprozess zu planen und zu verbessern. Auf der **NEXT**-Internetseite www.hueber.de/next/portfolio finden Sie weitere Informationen über das Sprachenportfolio der deutschen Volkshochschulen *(Europäisches Sprachenportfolio für Erwachsene)*.

Was heißt „europäisch"?

Das Europäische am Sprachenportfolio sind
• die offizielle Anerkennung durch den Europarat in Straßburg und
• das europäische Stufensystem.

Was ist das europäische Stufensystem?

Es besteht aus sechs Stufen, die konkret beschreiben, was man auf der jeweiligen Stufe in der Fremdsprache kann. Diese Stufen heißen: A1, A2, B1, B2, C1, C2.

Lesen Sie die folgende Beschreibung der Stufe B1 des europäischen Referenzrahmens, denn hier handelt es sich um die Stufe, die Sie mit der Durchnahme der Bände **NEXT B1/1** und **B1/2** anstreben:

Ich kann die Hauptpunkte verstehen, wenn klare Standardsprache verwendet wird und wenn es um vertraute Dinge aus Arbeit, Schule, Freizeit usw. geht. Ich kann die meisten Situationen bewältigen, denen man auf Reisen im Sprachgebiet begegnet. Ich kann mich einfach und zusammenhängend über vertraute Themen und persönliche Interessengebiete äußern. Ich kann über Erfahrungen und Ereignisse berichten, Träume, Hoffnungen und Ziele beschreiben und zu Plänen und Ansichten kurze Begründungen oder Erklärungen geben.

Europarat. Rat für kulturelle Zusammenarbeit: Gemeinsamer europäischer Referenzrahmen für Sprachen: lernen, lehren, beurteilen. Straßburg 2001

Ähnliche Beschreibungen wie diese für das Sprechen bietet der Referenzrahmen auch für das Hör- und für das Leseverstehen sowie für das Schreiben. Alle weiteren sogenannten Kann-Bestimmungen für die Niveaustufen A2 und B1 finden Sie unten im Abschnitt „Das Europäische Stufensystem (Stufen A2 und B1)". NEXT orientiert sich in Aufbau und Inhalt exakt an diesen Beschreibungen. Noch genauere Beschreibungen finden Sie in den sogenannten „Checklisten" des Sprachenportfolios.

Mit dem Sprachenportfolio kann jeder – anfangs mit ein wenig Hilfe – sich selbst einschätzen und für sich selbst Ziele festlegen. Mit Hilfe des Stufensystems können Sprachkenntnisse auch erstmals europaweit verglichen werden.

Was findet man sonst noch im Sprachenportfolio?
Jedes *Europäische Sprachenportfolio* hat drei Teile:
• eine Sprachenbiografie, mit deren Hilfe Sie darüber nachdenken, was Sie bereits können und was und wie Sie weiterlernen wollen;
• einen Sprachenpass, der es Ihnen ermöglicht, alle Ihre Fremdsprachen und Sprachkenntnisse zu dokumentieren;
• ein Dossier, in dem Sie Ihre Sprachkenntnisse mit Dokumenten und Leistungsbeispielen nachweisen können (siehe auch den Absatz „Ihr Dossier" im folgenden Abschnitt *Mehr zu Unit 2*).

Mehr zu Unit 2
Schreiben

Schreiben, um zu kommunizieren
Der Schwerpunkt des Abschnitts *Exploring learning* in Unit 2 liegt auf Lesen und Schreiben. E-Mails und SMS-Nachrichten haben die schriftliche Kommunikation zu einem wichtigen Bestandteil des modernen Lebens gemacht. Die neuen Technologien haben Gewohnheiten verändert, und Schreiben bedeutet heute vor allem das Verfassen von kurzen, informellen Nachrichten an Freunde, Kolleginnen und Kollegen oder Geschäftspartner. Solange klar ist, was der Schreibende meint, spielen kleine Fehler in Rechtschreibung oder Grammatik keine Rolle. Übrigens bringt man in englischsprachigen Ländern schon den Kindern bei, dass guter Schreibstil vor allem einfacher Schreibstil ist. Versuchen Sie also beim Schreiben immer, sich so einfach wie möglich auszudrücken.

Natürlich müssen Dinge manchmal auch sehr sorgfältig und korrekt verfasst werden, zum Beispiel in formellen Briefen, Verträgen und Artikeln, die veröffentlicht werden sollen. In diesen Fällen bittet man jedoch besser professionelle Übersetzer oder Spezialisten um Hilfe.

Wenn Sie jedoch zum Beispiel im Ausland ein Hotelzimmer buchen, Informationen mit einer Kollegin austauschen oder die Reservierung bei einem Autovermieter stornieren möchten, dann werden Sie dies wahrscheinlich in Form einer E-Mail oder sogar einer SMS tun. Dies ist häufig einfacher als zu telefonieren. Hier einige Tipps, die Ihnen dabei helfen, solche Nachrichten zu schreiben:

a) **Überlegen Sie vorher**, was Sie sagen möchten, und halten Sie den Inhalt so einfach wie möglich. Vermeiden Sie unwichtige Einzelheiten.

b) **Benutzen Sie Vorlagen.** Sie können zum Beispiel eine der E-Mails aus NEXT nehmen und für Ihre Bedürfnisse anpassen. Sie können auch einen Text nehmen, den Sie bereits geschrieben und an jemanden verschickt haben, und entsprechend anpassen. Als gute Vorlagen eignen sich übrigens E-Mails, die wir von englischsprachigen Freunden oder Geschäftspartnern erhalten. Sie können ganze Passagen daraus kopieren und für Ihre eigenen Zwecke verwenden. All das ist mit dem Computer und entsprechenden Textverarbeitungssystemen heute kein Problem mehr.

c) Wenn Sie in einer Fremdsprache wie Englisch schreiben, dann hat das natürlich seine Grenzen. Beachten Sie diese, und **versuchen Sie, nicht zuviel aus dem Deutschen zu übersetzen.** Überlegen Sie, was Sie sagen möchten, und überlegen Sie dann, wie Sie das mit den Ihnen zur Verfügung stehenden Kenntnissen mit Blick auf Wortschatz und Grammatik ausdrücken können. Verwenden Sie Ihnen bekannte Formulierungen und feststehende Wendungen. Reines Übersetzen macht manchmal wenig Sinn, denn wir drücken uns im Englischen oft anders aus.

d) **Prüfen Sie** das, was Sie geschrieben haben. Nur allzu leicht schreibt man etwas in einer E-Mail und schickt es ab, ohne es nochmals durchzulesen. Lesen Sie also Ihren Text sorgfältig durch: Ist die Aussage klar und deutlich? Haben sich Flüchtigkeitsfehler eingeschlichen?
Und wenn es sich um ein wichtiges Schriftstück handelt, können Sie es vielleicht einer Freundin / einem Freund zur Lektüre geben und fragen, ob die Aussage klar und verständlich ist.

Schreiben, um Englisch zu üben
Im Abschnitt oben haben wir über das Schreiben als wichtiges Kommunikationsmittel gesprochen. Darüber hinaus wird durch Schreiben auch ein besonders hoher Lerneffekt erzielt. Hier einige Gründe:
• Beim Schreiben können Sie sich Zeit lassen und nachdenken. Wenn Sie beim Hören und Sprechen in der Fremdsprache manchmal ein wenig Stress empfinden, dann mag das daran liegen, dass Sie kein

Time-out, keine Ruhephasen haben. Beim Schreiben dagegen halten Sie inne und denken nach.

- Sie können Dinge neu schreiben, Sie können im Text zurückgehen und einen Satz neu beginnen. Sie können Wörter hin- und herschieben, und Sie können experimentieren. Im Zeitalter der Computer überhaupt kein Problem!

- Es wird für Sie immer ein Gewinn sein, wenn Sie Ihr Englisch einsetzen und nutzen. Denn nur, wenn Sie die gelernten Wörter und die Grammatik auch wirklich benutzen, werden Sie sie langfristig in Ihrem Gedächtnis abspeichern. In Unit 1 dieses Bandes verweist ein Lerntipp auf die Möglichkeit, mit sich selbst zu sprechen. Auch so lässt sich die Fremdsprache gut üben. Andere Übungsmöglichkeiten bestehen u.a. darin, schriftliche Hausaufgaben sorgfältig zu erledigen, ein Tagebuch in Englisch anzulegen und über sich selbst zu schreiben und immer wieder schriftlichen Kontakt mit englischsprachigen Freundinnen und Freunden und Geschäftspartnern im Ausland zu pflegen. Versuchen Sie es. Es lohnt sich!

Ihr Dossier

Geschriebene Texte können dazu dienen, Ihr Lernen zu dokumentieren. Das Dossier ist ein Teil des *Europäischen Sprachenportfolios*. In **NEXT** erinnern wir Sie von Zeit zu Zeit daran, Teile Ihrer Arbeit in einem Dossier aufzubewahren. Ihr Dossier ist eine Dokumentensammlung, die alles, vom geschriebenen Text bis hin zur Ton- und Videoaufnahme, beinhalten kann. Was Sie in Ihrem Dossier sammeln, ist Ihre Sache. Es können Unterlagen sein, die zeigen, was Sie in den verschiedenen Sprachen können: Beispiele Ihrer Fähigkeiten zu schreiben und zu sprechen, Zeugnisse und Zertifikate über Kurse, die Sie besucht haben, oder Zeugnisse und Empfehlungen von Arbeitgebern. All dies sind Nachweise, die die Selbstbewertung in Ihrem Sprachenpass unterstützen.

Ihr Dossier kann auch dazu dienen, Ihr Lernen zu unterstützen. Es kann Gradmesser für Ihren Lernfortschritt sein, was ein wichtiger Motivationsfaktor ist. Sie können zum Beispiel auf Texte zurückgreifen, die Sie vor sechs Monaten oder einem Jahr geschrieben haben, und diese mit dem vergleichen, was Sie heute in der Lage sind zu schreiben. Das, was damals für Sie schwierig war, ist heute möglicherweise kein Problem mehr. Sie können aber auch feststellen, wo Sie sich noch verbessern müssen, und dies kann dazu beitragen, Ziele für die nächste Lernstufe festzulegen.

Wir empfehlen, dass Sie zum Beispiel nach Durchnahme des Bandes B1/1 Ihre Unterlagen im Dossier nochmals durchsehen und so auf Geleistetes zurückblicken. Dies ist auch eine gute Gelegenheit, sich zu überlegen, was Sie in Zukunft erreichen möchten.

Mehr zu Unit 4
Wörterbücher

Das Lernen von Vokabeln ist die größte Herausforderung beim Erwerb einer Sprache. Die Anzahl der grammatischen Strukturen, die Sie lernen müssen, ist begrenzt, aber es gibt tausende und abertausende Wörter. Im Anfängerunterricht benötigen Sie im Prinzip nur das Kursbuch, aber je weiter Sie fortschreiten, desto wichtiger wird auch das Wörterbuch. In den folgenden Abschnitten erfahren Sie, warum ein Wörterbuch wichtig ist und wie Sie ein für Ihre Zwecke geeignetes Wörterbuch am besten auswählen.

Wie man ein Wörterbuch benutzt
Ein Wörterbuch kann Ihnen über Folgendes Auskunft geben:
- die verschiedenen Bedeutungen der Wörter: diese werden erklärt, und es werden Beispiele gegeben, die zeigen, wie die Wörter verwendet werden;
- die Übersetzung eines Wortes;
- welche Wörter zusammengehören oder besonders häufig zusammen auftauchen, zum Beispiel *interested in, look forward to seeing you, sore throat* etc.;
- wie ein Wort ausgesprochen wird;
- wie ein Wort in Sätzen gebraucht wird, veranschaulicht durch Beispiele;
- in welchem Verhältnis ein bestimmtes Wort zu anderen Wörtern steht, veranschaulicht durch Aufzeigen der Wortfamilie, zum Beispiel *excite, exciting, excited, excitement* etc.

Die Vor- und Nachteile der verschiedenen Wörterbücher
a) Englisch-Deutsch oder Englisch-Englisch?
- Wenn Sie das englische Wort nicht kennen, ist ein Englisch-Deutsch Wörterbuch sinnvoller.
- Ein Englisch-Englisch Wörterbuch enthält jedoch mehr Informationen und liefert mehr Beispiele, schon deshalb, weil es im Gegensatz zu zweisprachigen Wörterbüchern keine zweite Spalte benötigt und mehr Platz zur Verfügung steht.
- Ein Englisch-Englisch Wörterbuch hält Sie davon ab, Wort für Wort vom Deutschen ins Englische zu übersetzen. So lernen und arbeiten Sie nur noch in Englisch.

b) Ein Großwörterbuch oder ein Taschenwörterbuch?
Wenn Sie reisen, möchten Sie natürlich kein schweres Großwörterbuch im Gepäck haben. Dann ist ein kleines Wörterbuch, ein Taschenwörterbuch viel praktischer. Kleine Englisch-Deutsch Wörterbücher sind aber

manchmal nicht sehr hilfreich. Sie enthalten zwar zwei oder drei verschiedene Übersetzungen eines Wortes, erklären aber entweder nichts oder zeigen keine Bedeutungsunterschiede auf. Dafür reicht der Platz einfach nicht. Kurzum, kleine Wörterbücher bieten deutlich zu wenig.

c) Ein Wörterbuch im klassischen Buchformat oder in elektronischer Form?
- Was elektronische Wörterbücher angeht, so gibt es die unterschiedlichsten Angebote. Manche elektronischen Wörterbücher stehen Online zur Verfügung, so dass Sie einen Internetzugang benötigen, um sie zu benutzen. Andere Wörterbücher sind zum Beispiel als CD-ROM erhältlich und werden auf Ihrem PC oder Laptop installiert. Deren Benutzung erfordert also, dass Sie entweder vor dem PC sitzen oder Ihren Laptop bei sich tragen. Als weitere Variante werden sogenannte Handheld-Modelle, elektronische Wörterbücher für die Westentasche angeboten. Hier gibt es Geräte im Angebot, die nur als Wörterbücher dienen. Mit Blick auf optimale Mobilität kann man sich Wörterbücher auch auf einen Tablet-Computer oder ein Handy herunterladen. Die Vorteile: die Geräte sind klein, leicht und tragbar und können sehr umfangreiche Wörterbücher speichern.
- Weitere Vorteile elektronischer Wörterbücher gegenüber dem klassischen Printprodukt sind: Sie können das gesuchte Wort hören. Wenn Sie sich an das Arbeiten mit dem elektronischen Produkt gewöhnt haben, finden Sie das gesuchte Wort schneller. Wenn Sie ein umfangreiches Wörterbuch wünschen, dann ist das elektronische Gerät sicherlich deutlich leichter.
- Ein Argument für das traditionell gedruckte Wörterbuch ist, dass es sich leichter darin stöbern lässt. Während Sie ein Wort nachschlagen, fällt Ihr Auge auf ein anderes, welches möglicherweise auch interessant für Sie ist. Normalerweise sieht man auf einer Buchseite mehr, als auf einem Bildschirm. Die neuen E-Reader und Tablet-Computer holen hier jedoch sehr schnell auf und bieten mittlerweile den Komfort eines traditionellen Buchs gepaart mit all den praktischen Vorteilen der modernen Computertechnik.

Wie man ein Wörterbuch auswählt
Bevor Sie ein Wörterbuch kaufen, sollten Sie sich das Angebot ansehen und vergleichen. Ein Tipp: Schreiben Sie ein paar Wörter auf, die Sie gerne nachschlagen möchten. Wählen Sie eventuell auch „schwierige" Wörter, die Ihnen oft Probleme bereiten oder die Sie sich nie merken können. Vorzugsweise sollten Wörter darunter sein, die verschiedene Bedeutungen haben: Verben wie *look* oder *take*, schwierige kleine Wörter wie *quite* oder ein Wort wie *great*, mit dem sich Deutsche manchmal besonders schwertun.

Testen Sie die Wörterbücher, indem Sie diese Wörter nachschlagen:
- Wie werden die Wörter präsentiert? Wie ist das Layout? Ist es klar und strukturiert, und können Sie die verschiedenen Bedeutungen deutlich voneinander unterscheiden?
- Wie viel Information gibt Ihnen das Wörterbuch? Ist diese nützlich und interessant? Oder zu umfangreich? Haben Sie den Eindruck, dass Sie die wichtigste Information zuerst bekommen?
- Gibt es zahlreiche Beispiele, die nützlich und leicht verständlich sind?
- Liefert es darüber hinaus wertvolle Information?

Sehen Sie sich das Wörterbuch in seiner Gesamtheit an. Enthält es nützliche, zusätzliche Kapitel wie Grammatikhilfen, Listen mit typischen englischen Abkürzungen, Eigennamen etc.? Wählen Sie dann vor allem ein Wörterbuch, das soweit wie möglich Ihren Bedürfnissen entspricht und das natürlich in Ihr Budget passt.

Was man mit Wörterbüchern tun und was man nicht tun sollte
- Grundsätzlich sollten Sie sich nicht darauf verlassen, dass gleich der erste Eintrag, den Sie finden, auch die richtige Übersetzung oder Bedeutung liefert. Sehen Sie genau hin: Welche Bedeutungsvarianten werden angeboten? Entsprechen die Beispiele in etwa dem, was Sie ausdrücken möchten.

- Greifen Sie nicht immer direkt zum Wörterbuch, wenn Sie ein Problem haben. Wenn Ihnen das genaue Wort nicht einfällt, dann versuchen Sie, es mit anderen Worten zu umschreiben. Die Fähigkeit, Schwierigkeiten beim Ausdruck zu umschiffen, ist genauso wichtig, wie die Fähigkeit, das exakte Wort zu finden. Denn normalerweise haben Sie in einem Gespräch natürlich nicht die Zeit und Gelegenheit, ein Wörterbuch zu benutzen.

Mehr zu Unit 10
Selbstbeurteilung am Ende des Kurses

Wenn Sie am Ende des Buches angelangt sind, ist es an der Zeit, Ihren Lernstand nochmals zu überprüfen. Was können Sie jetzt? Welche Ziele und Fertigkeiten haben Sie erreicht oder sogar übertroffen?

Im Folgenden finden Sie die Beschreibungen der europäischen Stufen A2 und B1. Jetzt am Ende des Bandes B1/1 sollte die Niveaustufe B1 bereits in Sicht sein. Am Ende des Bandes B1/2 werden Sie das Niveau der Stufe B1 voll und ganz erreicht haben.

Bevor Sie beginnen, sich selbst zu beurteilen, lesen Sie bitte die folgenden Hinweise:
- Ihr Lernstand entspricht aller Wahrscheinlichkeit nach einem sprachlichen Profil, bei dem gewisse Fertigkeiten ausgeprägter sind als andere. Beispiel: Manche Lerner fühlen sich beim Lesen sicherer als beim Sprechen.
- Es ist sehr wahrscheinlich, dass Ihr aktueller Lernstand zwischen zwei Niveaustufen liegt.

Wie können Sie sich selbst einschätzen?
Orientieren Sie sich an den folgenden Schritten:
- Lesen Sie jede Beschreibung sorgfältig durch. Sind Sie der dargestellten Situation bereits begegnet? Denken Sie an konkrete Beispiele, die zur jeweiligen Beschreibung passen könnten: Aufgaben, die Sie im Kurs gelöst haben (vergleiche auch die Kann-Beschreibungen am Ende jeder Einheit), oder Situationen, denen Sie außerhalb des Unterrichts begegnet sind. Als Hilfestellung haben wir jeder Beschreibung ein Beispiel aus den Checklisten des Titels *Europäisches Sprachenportfolio für Erwachsene*[1] beigefügt.
- Hatten Sie ausreichend Wortschatz und Grammatik zur Verfügung, und war Ihre Aussprache immer klar genug, um die jeweilige Aufgabe zu bewältigen? Vergessen Sie nicht, dass Genauigkeit und Korrektheit in jedem Detail auf der Stufe B1 weniger wichtig sind, als zu verstehen und verstanden zu werden. Verständlichkeit (auch bei Fehlern) ist auf diesem Niveau das Maß aller Dinge.
- Wenn Sie möchten, dann beurteilen Sie sich selbst, indem Sie sich Sterne geben. Konnten Sie eine Aufgabe nur mit Hilfe oder nur zögerlich lösen, dann geben Sie sich *einen* Stern. Konnten Sie die Aufgabe voller Selbstvertrauen und zügig lösen, dann geben Sie sich *zwei* Sterne dafür.
- Und vergessen Sie nicht die Zusammenarbeit im Kurs. Am besten wäre es, wenn Sie sich mit anderen Kursteilnehmern und Kursteilnehmerinnen zusammensetzen und sich gegenseitig bei der Selbsteinschätzung unterstützen würden.

---

1 Nähere Informationen über den Titel *Europäisches Sprachenportfolio für Erwachsene*, herausgegeben von den deutschen Volkshochschulen, mit Sprachenpass, Sprachenbiographie, Dossier und einem Leitfaden mit Hinweisen zur Umsetzung im Sprachlernprozess finden Sie im Internet unter www.hueber.de/next/portfolio.
Sie können das Europäische Sprachenportfolio für Erwachsene, das im Hueber Verlag veröffentlicht worden ist, unter der ISBN 978–3–19–002963–1 bestellen.

Das Europäische Stufensystem (Stufen A2 und B1)

Hören

A2

Ich kann einzelne Sätze und die gebräuchlichsten Wörter verstehen, wenn es um für mich wichtige Dinge geht (zum Beispiel sehr einfache Informationen zur Person und zur Familie, Einkaufen, Arbeit, nähere Umgebung). Ich verstehe das Wesentliche von kurzen, klaren und einfachen Mitteilungen und Durchsagen.

Beispiel: Ich kann bei Gesprächen das Thema erkennen, wenn das Gespräch langsam und deutlich geführt wird (zum Beispiel ein Gespräch über Wohnverhältnisse).

B1

Ich kann die Hauptpunkte verstehen, wenn klare Standardsprache verwendet wird und wenn es um vertraute Dinge aus Arbeit, Schule, Freizeit usw. geht. Ich kann vielen Radio- oder Fernsehsendungen über aktuelle Ereignisse und über Themen aus meinem Berufs- oder Interessengebiet die Hauptinformation entnehmen, wenn relativ langsam und deutlich gesprochen wird.

Beispiel: Ich kann normalerweise die Hauptpunkte von längeren Gesprächen verstehen, sofern deutlich gesprochen wird (zum Beispiel bei einem Gespräch über einen aktuellen Film).

An Gesprächen teilnehmen

A2

Ich kann mich in einfachen, routinemäßigen Situationen verständigen, in denen es um einen einfachen, direkten Austausch von Informationen und um vertraute Themen und Tätigkeiten geht. Ich kann ein sehr kurzes Kontaktgespräch führen, verstehe aber normalerweise nicht genug, um selbst das Gespräch in Gang zu halten.

Beispiel: Ich kann kurze, alltägliche Gespräche führen, zum Beispiel beim Einkaufen sagen, was ich suche, oder nach dem Preis fragen.

B1

Ich kann die meisten Situationen bewältigen, denen man auf Reisen im Sprachgebiet begegnet. Ich kann ohne Vorbereitung an Gesprächen über Themen teilnehmen, die mir vertraut sind, die mich persönlich interessieren oder die sich auf Themen des Alltags wie Familie, Hobbys, Arbeit, Reisen, aktuelle Ereignisse beziehen.

Beispiel: Ich kann mich in vertrauten Situationen aktiv an einer Diskussion beteiligen, zum Beispiel in einem Gespräch über Familie, Hobby oder Arbeit.

Zusammenhängendes Sprechen

A2

Ich kann mit einer Reihe von Sätzen und mit einfachen Mitteln zum Beispiel meine Familie, andere Leute, meine Wohnsituation, meine Ausbildung und meine gegenwärtige oder letzte berufliche Tätigkeit beschreiben.

Beispiel: Ich kann in einfachen Worten über meine Hobbys oder Interessen sprechen.

B1

Ich kann in einfachen, zusammenhängenden Sätzen sprechen, um Erfahrungen und Ereignisse oder meine Träume, Hoffnungen und Ziele zu beschreiben. Ich kann kurz meine Meinungen und Pläne erklären und begründen. Ich kann eine Geschichte erzählen oder die Handlung eines Buches oder Films wiedergeben und meine Reaktionen beschreiben.

Beispiel: Ich kann die Handlung eines Films oder eines Buches (zum Beispiel eines Kriminalromans) wiedergeben und meine Einschätzung beschreiben (sagen, warum ich ihn gut oder nicht so gut fand).

Lesen

A2

Ich kann ganz kurze, einfache Texte lesen. Ich kann in einfachen Alltagstexten (zum Beispiel Anzeigen, Prospekten, Speisekarten oder Fahrplänen) konkrete, vorhersehbare Informationen auffinden, und ich kann kurze, einfache persönliche Briefe verstehen.

Beispiel: Ich kann in Broschüren oder Prospekten über Freizeitaktivitäten, Ausstellungen etc. die wichtigsten Informationen finden (zum Beispiel herausfinden, ob und wann eine Führung stattfindet).

B1

Ich kann Texte verstehen, in denen vor allem sehr gebräuchliche Alltags- oder Berufssprache vorkommt. Ich kann private Briefe verstehen, in denen von Ereignissen, Gefühlen und Wünschen berichtet wird.

Beispiel: Ich kann längeren Texten wichtige Informationen entnehmen (zum Beispiel Berichten in einer Tageszeitung entnehmen, wer was wann wo und warum gemacht hat).

Schreiben

A2

Ich kann kurze, einfache Notizen und Mitteilungen schreiben. Ich kann einen ganz einfachen, persönlichen Brief schreiben, zum Beispiel, um mich für etwas zu bedanken.

Beispiel: Ich kann in einfachen Sätzen ein Ereignis beschreiben (zum Beispiel, wann und wo ein Fest stattgefunden hat).

B1
Ich kann über Themen, die mir vertraut sind oder mich persönlich interessieren, einfache, zusammenhängende Texte schreiben. Ich kann persönliche Briefe schreiben und darin von Erfahrungen und Eindrücken berichten.
Beispiel: Ich kann mit kurzen, einfachen Sätzen zusammenhängende Texte zu mir vertrauten Themen verfassen (zum Beispiel, einen Praktikumsbericht oder einen Kommentar über einen Roman, den ich spannend fand).

Phonetic table
Hinweise zur Aussprache

Das folgende phonetische Alphabet für Englisch wird im alphabetischen Wortschatz in **NEXT B1/1 Student's Book** sowie gelegentlich in diesem **Companion** benutzt.

:	der vorangehende Laut ist lang		
'	auf der folgenden Silbe liegt die Hauptbetonung		
ˌ	auf der folgenden Silbe liegt eine Nebenbetonung		
‿	die beiden Laute werden miteinander verbunden		
p	people	ɪ	six
b	bad	e	ten
t	ten	æ	man
d	day	ɒ	shop, what
k	café, kid, back	ʌ	under, son
g	good	ʊ	book, put
f	family, enough	ə	about, teacher, German
v	very	iː	see, leave, piece, receive
θ	thanks	ɑː	armchair
ð	this	ɔː	order, warm, four
s	say, nice	uː	two, too, you
z	zero, please	ɜː	word, heard, third, turn
ʃ	she, situation, social	eɪ	make, eight, wait
ʒ	Asia	aɪ	like, right
h	have	ɔɪ	boy
tʃ	child, departure	əʊ	OK, old, road
dʒ	Germany, join, bridge	aʊ	about, now
m	make	ʊə	tour
n	no, knife	eə	where
ŋ	long, singer	ɪə	here, beer, hear
w	we, what		
r	read		
l	love		
j	yes		

Irregular Verbs
Unregelmäßige Verben

infinitive	simple past	part participle	Deutsch
be	was/were	been	*sein*
beat	beat	beaten	*schlagen*
become	became	become	*werden*
begin	began	begun	*beginnen, anfangen*
bite	bit	bitten	*beißen*
break	broke	broken	*zerbrechen*
bring	brought	brought	*herbringen*
build	built	built	*bauen*
burn	burnt	burnt	*brennen*
buy	bought	bought	*kaufen*
catch	caught	caught	*fangen*
choose	chose	chosen	*(aus)wählen*
come	came	come	*kommen*
cost	cost	cost	*kosten*
cut	cut	cut	*schneiden*
deal /di:l/	dealt /delt/	dealt /delt/	*umgehen (mit), handeln*
do	did	done	*tun, machen*
draw	drew	drawn	*zeichnen*
dream	dreamt, dreamed	dreamt, dreamed	*träumen*
drink	drank	drunk	*trinken*
drive	drove	driven	*fahren*
eat	ate	eaten	*essen*
fall	fell	fallen	*fallen*
feel	felt	felt	*fühlen*
fight	fought	fought	*kämpfen*
find	found	found	*finden*
fly	flew	flown	*fliegen*
forget	forgot	forgotten	*vergessen*
forgive	forgave	forgiven	*vergeben*
freeze	froze	frozen	*(ge)frieren*
get	got	got	*bekommen*
give	gave	given	*geben*
go	went	gone	*gehen*
grow	grew	grown	*wachsen*
hang	hung	hung	*(auf)hängen*

have	had	had	*haben*
hear /hɪə(r)/	heard /hɜː(r)d/	heard /hɜː(r)d/	*hören*
hide	hid	hidden	*verstecken*
hit	hit	hit	*schlagen, treffen*
hold	held	held	*halten*
hurt	hurt	hurt	*verletzen*
keep	kept	kept	*behalten*
know	knew	known	*wissen, kennen*
learn	learnt, learned	learnt, learned	*lernen*
leave	left	left	*verlassen*
lend	lent	lent	*verleihen*
let	let	let	*lassen*
lose	lost	lost	*verlieren*
make	made	made	*machen*
mean	meant	meant	*bedeuten*
meet	met	met	*treffen*
pay	paid	paid	*bezahlen*
put	put	put	*setzen, stellen, legen*
read /riːd/	read /red/	read /red/	*lesen*
ride	rode	ridden	*reiten*
rise	rose	risen	*aufgehen, ansteigen*
run	ran	run	*laufen, rennen*
say	said	said	*sagen*
see	saw	seen	*sehen*
sell	sold	sold	*verkaufen*
send	sent	sent	*schicken*
shine	shone	shone	*scheinen*
shut	shut	shut	*schließen*
sing	sang	sung	*singen*
sit	sat	sat	*sitzen*
sleep	slept	slept	*schlafen*
speak	spoke	spoken	*sprechen*
spend	spent	spent	*(Geld) ausgeben, (Zeit) verbringen*
stand	stood	stood	*stehen*
steal	stole	stolen	*stehlen*
sting	stung	stung	*stechen*
strike	struck	struck	*streiken, schlagen*
swim	swam	swum	*schwimmen*
take	took	taken	*nehmen, bringen*
teach	taught	taught	*unterrichten*
tell	told	told	*erzählen, berichten*

think	thought	thought	*denken*
understand	understood	understood	*verstehen*
wake	woke	woken	*aufwecken*
wear	wore	worn	*anhaben, tragen (Kleidung)*
win	won	won	*gewinnen*
write	wrote	written	*schreiben*

Index
Alphabetisches Verzeichnis

Notizen

Notizen